Medienwissen kompakt

Reihe herausgegeben von
Klaus Beck, Lehrstuhl für
Kommunikationswissenschaft
Universität Greifswald
Greifswald, Deutschland

Gunter Reus, Institut für Journalistik
Hochschule für Musik, Theater & Medien
Institut für Journalistik
Hannover, Deutschland

Die Reihe Medienwissen kompakt greift aktuelle Fragen rund um Medien, Kommunikation, Journalismus und Öffentlichkeit auf und beleuchtet sie in eingängiger und knapper Form aus der Sicht der Publizistik- und Kommunikationswissenschaft. Die Bände richten sich an interessierte Laien ohne spezielle Fachkenntnisse sowie an Studierende anderer Sozial- und Geisteswissenschaften. Ausgewiesene Experten geben fundierte Antworten und stellen Befunde ihres Forschungsgebietes vor. Das Besondere daran ist: sie tun es in einer Sprache, die leicht, lebendig und jedermann verständlich sein soll. Mit einer möglichst alltagsnahen Darstellung folgen Herausgeber und Autoren dem alten publizistischen Ideal, möglichst alle Leser zu erreichen. Deshalb verzichten wir auch auf einige Standards „akademischen" Schreibens und folgen stattdessen journalistischen Standards: In den Bänden dieser Reihe finden sich weder Fußnoten mit Anmerkungen noch detaillierte Quellenbelege bei Zitaten und Verweisen. Wie im Qualitätsjournalismus üblich, sind alle Zitate und Quellen selbstverständlich geprüft und können jederzeit nachgewiesen werden. Doch tauchen Belege mit Band- und Seitenangaben um der leichten Lesbarkeit willen nur in Ausnahmefällen im Text auf.

Sven Jöckel

Computerspiele

Nutzung, Wirkung und Bedeutung

2. Auflage

Unter Mitarbeit von
Max de Baey-Ernsten

Sven Jöckel
Sem. Medien u. Kommunikation
Universität Erfurt
Erfurt, Deutschland

ISSN 2625-1469　　　　　　　ISSN 2625-1477 (electronic)
Medienwissen kompakt
ISBN 978-3-658-44280-4　　　ISBN 978-3-658-44281-1 (eBook)
https://doi.org/10.1007/978-3-658-44281-1

Die Deutsche Nationalbibliothek verzeichnet diese Publikation in der Deutschen Nationalbibliografie; detaillierte bibliografische Daten sind im Internet über https://portal.dnb.de abrufbar.

© Der/die Herausgeber bzw. der/die Autor(en), exklusiv lizenziert an Springer Fachmedien Wiesbaden GmbH, ein Teil von Springer Nature 2018, 2024
Das Werk einschließlich aller seiner Teile ist urheberrechtlich geschützt. Jede Verwertung, die nicht ausdrücklich vom Urheberrechtsgesetz zugelassen ist, bedarf der vorherigen Zustimmung des Verlags. Das gilt insbesondere für Vervielfältigungen, Bearbeitungen, Übersetzungen, Mikroverfilmungen und die Einspeicherung und Verarbeitung in elektronischen Systemen.
Die Wiedergabe von allgemein beschreibenden Bezeichnungen, Marken, Unternehmensnamen etc. in diesem Werk bedeutet nicht, dass diese frei durch jedermann benutzt werden dürfen. Die Berechtigung zur Benutzung unterliegt, auch ohne gesonderten Hinweis hierzu, den Regeln des Markenrechts. Die Rechte des jeweiligen Zeicheninhabers sind zu beachten.
Der Verlag, die Autoren und die Herausgeber gehen davon aus, dass die Angaben und Informationen in diesem Werk zum Zeitpunkt der Veröffentlichung vollständig und korrekt sind. Weder der Verlag noch die Autoren oder die Herausgeber übernehmen, ausdrücklich oder implizit, Gewähr für den Inhalt des Werkes, etwaige Fehler oder Äußerungen. Der Verlag bleibt im Hinblick auf geografische Zuordnungen und Gebietsbezeichnungen in veröffentlichten Karten und Institutionsadressen neutral.

Planung/Lektorat: Barbara Emig-Roller
Springer VS ist ein Imprint der eingetragenen Gesellschaft Springer Fachmedien Wiesbaden GmbH und ist ein Teil von Springer Nature.
Die Anschrift der Gesellschaft ist: Abraham-Lincoln-Str. 46, 65189 Wiesbaden, Germany

Wenn Sie dieses Produkt entsorgen, geben Sie das Papier bitte zum Recycling.

Danksagung

Ein großes Dankeschön geht an die Hochschulgruppe Gaming der Universität Erfurt (insbesondere Christiane Knutzen und Jan-Hendrik Grooten) für die Durchsicht des Manuskripts und die kritischen Kommentare zu den verwendeten Beispielen. Ohne sie hätte ich vermutlich nie *Valiant Hearts* gespielt und dieses Spiel gleich in meine Lehrveranstaltungen eingebaut.

Inhaltsverzeichnis

1 Kinderspiel, Tötungssimulation oder Massenmarkt ... 1

2 Aufbau des Bandes 13

3 Geschichte der Computerspiele 17

4 Hexer, Glücksspiele und das Smartphone – aktuelle Entwicklungen bei Computerspielen 45

5 Das Computerspiel im Spiegel der Gesellschaft 69

6 Was die Wissenschaft über Computerspiele weiß 111

7 Ausblick 153

Epilog 167

Zum Weiterlesen 169

Glossar 173

1

Kinderspiel, Tötungssimulation oder Massenmarkt

Dieses Kapitel gibt einen kurzen Überblick über die Bedeutung von Computerspielen. Es zeigt anhand ausgewählter Beispiele die Möglichkeiten und Potenziale, aber auch Risiken von Computerspielen auf und stellt gesellschaftliche Debatten darüber vor. Um die Herausforderung, die es bedeutet, über dieses Thema zu schreiben, geht es am Ende des Kapitels.

Deutschland ist doch Fußballweltmeister 2022 geworden. Jamal Musiala krönt sein Ausnahmeturnier mit seinem siebten Turniertreffer zum 2:0 im Finale gegen das hochfavorisierte Argentinien. Moderator Frank Buschmann ist begeistert, kommentiert aber kurz darauf ruhig weiter, so als wäre nichts passiert.

Die Amerikanische Revolution hat nicht stattgefunden, denn als George Washington in Besitz eines mächtigen Artefakts gelangt, macht er sich selbst zum König der Vereinigten Staaten.

Der Zweite Weltkrieg ist nicht erst 1945 zu Ende gegangen, denn nach seiner Flucht aus Schloss Wolfenstein

© Der/die Autor(en), exklusiv lizenziert an Springer Fachmedien Wiesbaden GmbH, ein Teil von Springer Nature 2024
S. Jöckel, *Computerspiele*, Medienwissen kompakt,
https://doi.org/10.1007/978-3-658-44281-1_1

gelingt es dem amerikanischen Spion B. J. Blazkowicz, Adolf Hitler in seinem geheimen Bunker unter der Reichskanzlei zu erschießen. Selbst ein hochtechnischer Roboteranzug kann den Untergang des Diktators nicht verhindern. Der Krieg ist beendet, Millionen Menschen sind gerettet.

Alle drei „Geschichten" sind frei erfunden und stammen aus aktuellen oder älteren Computerspielen, die kaum unterschiedlicher sein könnten: *FIFA 2023* bzw. jeder beliebige Ableger der Reihe, die seit 1995 regelmäßig erscheint, ermöglicht es in immer realistischerer Grafik, nahezu jedes aktuelle Fußballspiel nachzuspielen. Seit Neuestem sind auch die Spiele von Frauennationalmannschaften möglich. Die *Assassin's Creed*-Reihe (ab 2007) wiederum springt durch die Geschichte und präsentiert historische Figuren von Saladin über Leonardo Da Vinci bis zu George Washington in einer hollywoodreifen Action-Kulisse. *Wolfenstein 3D* wiederum hat 1992 ein eigenes Genre begründet. Es gilt als der erste der berüchtigten Ego-Shooter. Das Spiel wurde daraufhin in Deutschland beschlagnahmt, da es sich voller Hakenkreuze und anderer Nazi-Insignien präsentierte. Es kam auf den Index und durfte nicht vertrieben werden.

Computerspiele sind inzwischen ähnlich facettenreich wie jedes andere unterhaltsame Medienangebot: vom Buch über die Musik bis zum Film. Sie erzählen mythische Geschichten wie die zahlreichen Rollenspiele (z. B. *World of Warcraft* [2005], *Final Fantasy*-Reihe [ab 1987], *Cyberpunk 2077* [2020]). Sie sind actionreich wie Arnold Schwarzenegger, Vin Diesel und Daniel Craig zusammen (z. B. *Call of Duty* [ab 2003]). Sie können bitter und sozialkritisch sein (*Grand Theft Auto*-Reihe [ab 1997]), aber auch leise und poetisch (*ICO* [2001], *Flower* [2009]). Sie werden allein gespielt, zusammen, miteinander, gegeneinander. Man spielt Helden im Weltall, Schurken im Mittelalter, erkundet Welten, die man aus Büchern, Filmen oder Comics kennt. Ganz selten kann man sogar einen Gott spielen, so in *Okami* (2006), in dem die Hauptfigur eine Shinto-Gottheit darstellt. Oftmals spielt man aber auch nur sich selbst, mit all den eigenen heimlichen Identitäten. Computerspiele sind mal grell und bunt (*Super Mario*-Reihe [ab 1983]), mal hektisch und laut (*Sonic*-Reihe [ab 1991]). Mal lassen sie dem Spieler scheinbar alle Handlungsmöglichkeiten (z. B. *Red Dead Redemption* [ab 2010]), mal stellen sie ihre Nutzer vor schwierige moralische Dilemmata (z. B. *Mass Effect* [ab 2007], *Detroit: Become Human* [2018]). Mal wollen sie auch gar keine Geschichte erzählen, sondern einfach nur Form und Farben (z. B. *Tetris* [1984], *Breakout* [1976]) sein. Computerspiele werden verteufelt (z. B. *Doom* [1993], *Call of Duty*, *Grand Theft Auto*), als neues Lernmedium für Alt und Jung angesehen (z. B. *Dr. Kawashima Gehirn Jogging* [2005]), als Element von Aufklärungskampagnen eingesetzt (*Dafur is dying* [2005]) oder als Möglichkeit, Menschen zu positivem Verhalten anzustacheln. Doch meist sollen Computerspiele einfach nur Spaß machen.

Computerspiele begleiten den Alltag von Kindern, Jugendlichen und Erwachsenen seit nun über fünfzig Jahren. Sie haben sich in Inhalt und Form immer weiter ausdifferenziert, sodass alle Facetten darzustellen den Rahmen dieses Buchs sprengen würde. Computerspiele sind nicht nur das, was auf PCs und Konsolen gespielt, gezockt oder „gedaddelt" wird. Sie fanden sich früher im öffentlichen Raum in Form von großen Automaten. Sie laufen heute auf nahezu jedem Smartphone. Gleich geblieben sind seit den ersten Computerspielen die gesellschaftlichen und wissenschaftlichen Debatten: Einerseits betont man ihren immensen Erfolg und stellt sie als Kulturgut mit anderen Medien, meist dem Film, gleich. Andererseits werden ihre Wirkungen und hier meist die negativen Wirkungen, wie Gewalt und Abhängigkeit, angesprochen.

Die Debatte zur Wirkung von Computerspielen kam schon Anfang der 1980er-Jahre mit ersten Fachartikeln auf. Sie erreichte in den 1990er-Jahren einen Höhepunkt, als es um die sogenannten Killerspiele ging. Ein Verbot von besonders gewalthaltigen Spielen konnte aber nicht durchgesetzt werden. Stattdessen wurden die Rechte und Pflichten der freiwilligen Selbstkontrolle ausgeweitet. Die Industrie verpflichtete sich selbst, dem Jugendschutz Rechnung zu tragen, und musste sicherstellen, dass Kinder und Jugendliche keinen Zugang zu für sie schädlichen Inhalten bekommen. Seit der Novellierung des Jugendschutzgesetzes im Jahr 2003 sind diese Entscheidungen der freiwilligen Selbstkontrolle in Deutschland rechtlich verbindlich. Die Verabschiedung dieses Gesetzes hatte besondere Aufmerksamkeit nach Robert Steinhäusers Amoklauf in Erfurt (2002) erlangt. Oftmals war diese Tat in einen Zusammenhang mit der Nutzung von gewalthaltigen Computerspielen gerückt worden. Der Druck auf den Gesetzgeber wurde erhöht. Wissenschaftlich konnte aber kein Zusammenhang zwischen Computerspielen und Amoktaten nachgewiesen werden.

Gleichwohl nahmen die Rufe nach einer Verschärfung der gesetzlichen Regelungen nach 2003 nicht ab. Interessanterweise sind diese Debatten nicht nur auf Deutschland beschränkt, verlaufen aber insbesondere in den USA unter gänzlich anderen Vorzeichen. Trotz mehrerer Klagen hat der US Supreme Court bei der Abwägung, ob der Staat den Zugang zu Computer- und Videospielen einschränken darf, immer zugunsten der Meinungsfreiheit und damit gegen eine Reglementierung des Zugangs entschieden. Dies hat einige interessante Implikationen: Computer- und Videospiele sind vom Gebot der Meinungsfreiheit gedeckt. Seit 2008 sind sie auch in Deutschland offiziell als Kulturgut anerkannt, also ein ähnliches Gut wie Bücher, Filme, ja gar wie eine Oper oder ein Gemälde – eine Aussage, die Videospielenthusiasten nur zu gerne unterschreiben. Wenn man zum

Beispiel an die fantastischen, melancholischen Welten eines Fumito Uedas in *Shadow of the Colossus* (2005) oder *The Last Guardian* (2016) denkt oder berücksichtigt, dass auch das *Museum of Modern Art* mittlerweile Spiele wie *Pac-Man* (1980) in seine Sammlung aufgenommen hat, kann man den künstlerischen Anspruch von Videospielen nicht so einfach von der Hand weisen.

Die gesellschaftliche Debatte ist also einen Schritt weitergegangen: Computer- und Videospiele sind nicht mehr nur vermeintliche Killerspiele oder „Tötungssimulation", wie Lt. Col. David Grossmann in einem mittlerweile knapp 25 Jahre alten Sachbuch schreibt (*Stop Teaching our Kids to kill*). Man mag über ihren kulturellen Wert streiten, aber sie sind ein Medium, das, ähnlich wie der Film, im Alltag der Menschen angekommen ist.

Überhaupt zeigen sich einige Parallelen in der Entwicklung des Films und der Computer- und Videospiele. Diskussionen um schädigende Einflüsse auf Kinder und Jugendliche finden sich bei beiden Medien. Die Sorgen der 1930er-Jahre waren beim Film die gleichen wie 60 Jahre später bei den Videospielen. Dass es zu diesen Sorgen kam, lag bei beiden Medien vor allem daran, dass sie für eine Gruppe besonders attraktiv waren, die immer als besonders schützenswert, aber auch als besonders verletzlich galt: Kinder und Jugendliche. Wofür die Nickelodeons der 1920er-Jahre standen, schummrige, verrauchte Kinosäle, dafür standen in den 1970er-Jahren die „Arcades", die Spielhallen. Hier trafen sich die Jugendlichen und jungen Erwachsenen, um „zu zocken". Im 21. Jahrhundert sind diese Orte, in denen Jugendliche sich ausleben, dabei oftmals direkt in virtuelle Welten gewandert.

Historisch gesehen waren es aber zunächst nicht die Kinder und Jugendlichen, die sich den Videospielen widmeten. Die erste Zielgruppe waren technisch interessierte College-Studenten, Leute wie der junge Steve Jobs, der anfing,

Spiele beim Videospielpionier Atari zu entwickeln, bevor er Apple gründete. Schon bald aber richteten sich die Spiele auf Kinder und Jugendliche aus. Ein wichtiger Grund hierfür war wirtschaftlicher Natur und ging auf die erste Krise der Industrie im Jahre 1982 zurück. Die ersten Giganten der Branche hatten durch schlechtes Marketing und noch schlechtere Produkte die Zukunft des gesamten Mediums aufs Spiel gesetzt. In der Folge machte ein bis dato zurückhaltend agierendes Unternehmen aus Japan das, was Disney so erfolgreich beim Film umgesetzt hat: Nintendo konzentrierte sich voll und ganz auf Kinder und Jugendliche als Zielgruppe. Computer- und Videospielen haftete fortan das Image von Kinderspielen an. Erst langsam begann sich das Medium von diesem Image zu lösen, teils auch durch besonders aggressive und gewalthaltige Inhalte, die Ende der 1980er mit dem Konkurrenten SEGA den Markt erreichten. Heutzutage ist es kaum noch möglich zu differenzieren, wer Computer- und Videospiele nutzt.

Neben der Frage nach ihrer Wirkung geht es in der gesellschaftlichen Auseinandersetzung auch um wirtschaftliche Fragen. Die erfolgreichsten Unterhaltungsprodukte sind nicht mehr Filme wie *Avatar, The Avengers* oder *Star Wars*, sondern Videospiele wie *Grand Theft Auto, Diablo IV* (2022), das in vier Tagen einen Umsatz von 666 Mio. Dollar generiert hat und damit vermutlich die 3,5 Mio. verkaufte Exemplare des Vorgängers aus dem Jahr 2012 noch überboten hat. Computerspiele führen die Ranglisten der erfolgreichsten Unterhaltungsprodukte an. Jedes Jahr, meist Ende Juli/Anfang August, zeitgleich zur Fachmesse „gamescom" in Köln, erscheinen in den Massenmedien Artikel, die die rasante Entwicklung der Branche nachzeichnen und besonders erfolgreiche Titel oder Entwickler herausstellen. Dabei ist diese Entwicklung in den letzten Jahren gar nicht so ungebrochen positiv, wie oftmals herausgestellt. Der Markt für Computer- und Videospiele ist ein recht reifer

Markt: Nach einer Welle von Fusionen konzentriert er sich auf einige wenige Anbieter. Neben einem ähnlich großen Produktionsbudget wie bei Filmen, das einen dreistelligen Millionenbetrag erreichen kann, finden sich beim Start eines solchen neuen sogenannten AAA-Titels auch ähnliche Marketingbudgets wie bei einem Hollywood-Blockbuster, und die Geschichten, die Spiele und Film erzählen, ergänzen sich dank „crossmedialer" Vermarktungsstrategie mittlerweile immer mehr.

Schaut man sich aber die Entwicklung der letzten Jahre an, dann sind es nicht mehr diese großen Titel im Einzelverkauf, die den Markt bestimmen, sondern Online-Spiele, die über Jahre hinweg durch neuartige Erlösmodelle (Einzelverkauf, Abos, Item-Handel und Micro-Payments) beeindruckende Umsätze kreieren. Das Spiel *Fortnite* (2017) hat seit Bestehen einen Umsatz von schätzungsweise 20–25 Mrd. Dollar generiert, knapp 6 Mrd. allein 2021. Deutlich kindlicher angehauchte Spiele oder genauer genommen Spieleplattformen wie *Minecraft* (2009) oder *Roblox* (2006) (56 Mio. tägliche Nutzer und 2,3 Mrd. Dollar Umsatz 2022/23), das gerade während der Covid-19 Pandemie zu einem Hit bei Kindern und jüngeren Jugendlichen wurde, sind ebenfalls sehr erfolgreich.

Film und Computer- bzw. Videospiele unterscheiden sich nun also immer mehr in der Art und Weise, wie Umsatz kreiert wird. Sie haben sich aber immer schon deutlich in ihrer technischen Natur unterschieden: Die Entwicklung von Computer- und Videospielen ist eng mit der Entwicklung der Computertechnologie im Allgemeinen verbunden. Sie benötigen eine bestimmte Hardware-Plattform, auf der sie abgespielt werden können. Computer- und Videospiele sind zunächst immaterielle Inhalte, die auf einen Datenträger gebannt werden müssen, der dann abgespielt werden kann. Ihre Darstellungs-, aber auch ihre Interaktionsmöglichkeiten hängen immer von der zugrunde liegenden Hardware ab. Waren die ersten Abspielplattformen noch sehr limitierte Rechenmaschinen, verlangen heutige Computer- und Videospiele technisch hochwertige und ressourcenintensive Rechner. PC-Spiele verlangen neben dem entsprechenden Speicherplatz vor allem schnelle Prozessoren und leistungsfähige Grafikkarten. Selbst auf Smartphones finden sich inzwischen technisch sehr anspruchsvolle Spielinhalte, und aktuelle Konsolen wie die Playstation 5 sind (noch) High-End-Systeme.

Eine Anekdote, die es mittlerweile in den Rang einer „Urban Legend" gebracht hat, bezieht sich auf jenes unglaubliche Rechenpotenzial der gerade verhältnismäßig günstigen Konsolen. Während des 3. Golfkriegs herrschte angeblich die Sorge, dass sich einige Playstation-2-Konsolen trotz eines Embargos in der Hand Saddam Husseins befänden. Diese Konsolen, zusammengeschlossen und umprogrammiert, seien in der Lage, die komplexen Berechnungen zum Einsatz von Mittelstreckenraketen durchzuführen. Die Konsolen wurden, so die Legende weiter, schließlich gefunden: In den Kinderzimmern hoher irakischer Funktionäre.

Die Ironie an dieser Anekdote ist, dass in der Tat eine der ersten Spielplattformen (für das Spiel *Tennis for Two* [1958]) ein Oszillograf zur Berechnung von Raketenflugbahnen war. Manche Kritiker mögen hierin eine Verschwörung des militärisch-industriellen Komplexes erkennen, der die gesamte Unterhaltungsbranche, insbesondere aber die Games-Branche, durchzogen hat. Dass die US-Armee ein Computerspiel (*America's Army* [ab 2002]) zur Rekrutierung von Soldaten einsetzt, mag dies noch unterstreichen. Was diese Anekdote aber auch verdeutlicht, ist, dass Computerspiele (und die dafür benötigte Hardware) trotz aller Gefahren und Risiken vor allem eines sind: ein Mittel, um Menschen zu unterhalten. Wie ihnen das gelingt, wird ein Schwerpunkt der folgenden Kapitel sein.

Von der Schwierigkeit, über Computerspiele zu schreiben

Ein solches einführendes Buch in die Geschichte, Nutzung und Forschung von und zu Computerspielen wäre in den 1990er-Jahren ein deutlich leichteres Unterfangen gewesen, und selbst vor wenigen Jahren, als die erste Ausgabe dieses Buchs entstand, waren einige Entwicklungen, die die heutige Branche bestimmen, erst noch in den Kinderschuhen. Ein Buch in den 1990er-Jahren hätte sich nicht mit den unterschiedlichsten Nutzungsformen von digitalen Spielen befassen müssen – vom klassischen PC-Spiel über die Spielekonsole bis zu Spielen auf Smartphones, im Internet, vernetzt und, ganz neu, in drei-dimensionalen virtuellen Welten, zum Beispiel über auch für gewöhnliche Konsumenten bezahlbare 3-D-Brillensysteme wie *Meta Quest* (ehemals *Oculus Rift*) oder *Samsung Gear*. Auch die Nutzergruppe wäre deutlich eingeschränkter: Das Klischee des männlichen, jugendlichen und im schlimmsten Fall noch sozial isolierten Gamers entsprach zwar nie der sozialen Realität, lag aber vor dreißig Jahren deutlich näher an der tatsächlichen Zielgruppe als heute. „Der Gamer" war damals eher jung und überdurchschnittlich oft männlich, wenngleich auch schon eine nicht zu vernachlässigende Gruppe an Mädchen und Frauen sowie Erwachsenen und sogar Senioren Computerspiele nutzte. Bilder eines nebeneinandersitzenden älteren Ehepaars in der U-Bahn, welches eine Runde *Candy Crush Saga* (2012) oder *Solitär* auf dem Smartphone spielt, wie sie mittlerweile in Asien zum Alltag gehören und auch in Europa und den USA immer häufiger zu finden sind, waren damals jedoch undenkbar.

Computer- und Videospiele sind aus unserem von Medien durchdrungenen Leben nicht mehr wegzudenken, auch wenn wir sie im Alltag oft gar nicht als Computerspiele wahrnehmen: Die auf ihrem Smartphone *Solitär* spielende ältere Dame wird sich selbst kaum als „Gamerin" bezeichnen. Der Universitätsprofessor, der zwischen zwei Vorlesungen noch schnell einige virtuelle Pflanzen pflanzt, z. B. in einem Nachfolger des mittlerweile schon wieder weitgehend verschwundenen Spiels *Farmville* (2009) oder im während der Pandemie wieder beliebt gewordenen *Animal Crossing* (ab 2001), muss sich selbst nicht unbedingt als aktiven „Spieler" sehen. Gleiches gilt vermutlich auch für die Joggerin, die im Park plötzlich beschleunigt, weil ihr ihre *Zombies, Run*-App (2012) in Form einer virtuellen Zombie-Attacke mitteilt, dass es an der Zeit für eine Tempoverschärfung ist. Das Spielen immer und überall, vernetzt über unterschiedliche Plattformen und vor allem über das Smartphone, hat deutlich zugenommen.

Für einen Kulturhistoriker wie Johan Huizinga wäre dies alles nicht verwunderlich. Er folgerte schon Ende der 1930er-Jahre in seinem Buch *Homo Ludens*, dass das Spiel älter ist als die Kultur, dass Kultur entwicklungsgeschichtlich geradezu aus dem Spiel hervorgegangen ist. Der Mensch spielt also seit Beginn der Geschichte, und aus dem noch ungeregelten, auch im Tierreich beobachteten freien Spiel, dem „Play", folgt das Regelspiel, das „Game", dem sich auch die meisten heutigen Computerspiele unterordnen lassen.

Die Entwicklung der Computerspiele ist eng verbunden mit den technologischen Innovationen (von manchen gar als Revolutionen bezeichnet) der zweiten Hälfte des 20. Jahrhunderts. Für die Forschung stellt dies jedoch eine große Herausforderung dar, denn ihr Gegenstand befindet sich in einem stetigen, sowohl technologisch als auch sozial und kulturell getriebenen Wandel. Spiele und Plattformen, die vor wenigen Jahren noch aktuell waren, sind heute nur noch eine Erinnerung: *Second Life* (2003) oder *Farmville*, aber auch der Gameboy oder die Playstation Portable, sind heute kaum noch Gesprächsthema. Der Hype um das 2016 erschienene *Pokémon Go* verblasste scheinbar ebenso schnell, wie er gekommen war. Dennoch sieht man auch heute noch in verschiedenen Städten der Welt Spieler beisammenstehen, um Pokémonfiguren gegeneinander antreten zu lassen. Virtual-Reality-Spiele gelten seit mehr als einem Jahrzehnt als Revolution im Medium – massenattraktiv sind sie immer noch nicht, aber auch dies kann sich in wenigen Monaten ändern, wenn eine neue „Killer-Application" erscheint, die Anwendung, die die Nutzungsweisen komplett verändern wird. Wie lange wird *Fortnite* noch Millionen Jugendliche in den Bann ziehen, und wird es 2029 eine 25-Jahre- Edition von *World of Warcraft* geben? Worauf wird *Grand Theft Auto VII* gespielt werden? Was wird Bestand haben und was nicht?

Ein einführendes Werk über Geschichte, Nutzung und Wirkungsweisen von Computerspielen kann also notwendigerweise nur einen kurzen, flüchtigen Ausschnitt aus der Entwicklung des Mediums beleuchten. Dabei wird es auch in diesem Buch die Aufgabe sein, dies so darzustellen, dass der allgemeingültige Charakter der Entwicklungen aufgezeigt wird, ohne dabei den spezifischen Kontext, also die Menschen und Computer- und Videospiele, um die es hier eigentlich geht, zu vernachlässigen.

2
Aufbau des Bandes

Dieses Buch folgt der Annahme, dass man zum Verständnis der gesellschaftlichen Debatten über Computerspiele und der Entwicklung der Forschung zunächst den Gegenstand näher beleuchten und sich dazu auch der Geschichte des Mediums widmen muss. Kap. 3 liefert diese Grundlagen, wird aber schon auf weiterführende Fragestellungen der Forschung verweisen. Es beschreibt die Entwicklung der Computerspiele von den ersten Arcade-Automaten bis hin zu aktuellen Konsolen und zeigt auf, wie sich in den letzten Jahren mobiles und plattformübergreifendes Spielen entwickelt hat. Die historische Darstellung beinhaltet nicht nur einen Abriss wichtiger Spielplattformen und Inhalte, sondern legt den Schwerpunkt bereits auf die sich im Laufe der Zeit entwickelnden Nutzungsformen: von der öffentlichen Nutzung in Spielhallen (Arcades) bis hin zum vernetzten Spiel und dem ausdifferenzierten heutigen Spielverhalten. Ziel ist es, nicht nur die Nutzung von Computerspielen historisch zu bestimmen und ein Bild der aktuellen Nutzung zu liefern, sondern gleichzeitig ein Fundament für die später diskutierten gesellschaftlichen Debatten zu legen.

Das Kap. 4 wird sich am Beispiel ausgewählter Spieltitel aktuellen Entwicklungen im Bereich der Computerspiele widmen und näher auf einige Problemfelder eingehen: den Zusammenhang zwischen Geschäftsmodellen und Computerspielen, die Bedeutung von nutzergenerierten Inhalten und neue Verbindungen aus Sozialen Medien und Gaming.

Das Kap. 5 greift dann die verschiedenen gesellschaftlichen Debatten zum Thema Computerspiele auf. Mit neuen Medientechnologien gingen und gehen immer besonders optimistische Erwartungen, aber auch große Befürchtungen einher. Diese Debatten finden oftmals nicht in der Wissenschaft selbst, sondern in den klassischen Massenmedien statt. Es wird aufgezeigt, wie die öffentliche Auseinandersetzung zum Thema Computerspiele eingebettet ist in eine allgemeine Auseinandersetzung mit der Frage, welche Chancen und Risiken neue Medientechnologien mit sich bringen.

Das anschließende Kap. 6 wird sich stärker dem wissenschaftlichen Forschungsstand zum Thema Computerspiele widmen. Dieser Forschungsstand ist inzwischen sehr ausdifferenziert und berührt vielfältige wissenschaftliche (Teil-)Disziplinen. Im Vordergrund steht hier jedoch die sozialwissenschaftliche Perspektive, insbesondere die Wirkungs- und Nutzungsforschung der Kommunikationswissenschaft und der Psychologie. Ein Großteil des Kapitels widmet sich der Frage, wie die Wirkung von Computerspielen überhaupt messbar ist.

Das Fazit im Kap. 7 wirft dann einen Blick in die Kristallkugel und fragt, welche Entwicklungslinien sich in den nächsten Jahren abzeichnen werden. Welche Trends bei der Produktion und Nutzung von Computerspielen lassen sich erkennen?

Die erste Auflage dieses Buchs enthielt an dieser Stelle eine kleine Warnung: Die Darstellung werde keine umfangreichen und aktuellen Zahlen zur Nutzung, Verbreitung oder zum

Markterfolg von Computerspielen liefern. Diese Warnung kann in der zweiten Auflage nur bekräftigt werden. Zahlen veralten schneller, als ein Buch auch nur gedruckt werden kann. Ferner wird jedes Jahr eine Vielzahl an meist kommerziellen Studien und Studienergebnissen der Marktforschung zu Computerspielen und deren Bedeutung und Nutzung verbreitet. Berichte der Lobbyverbände, Markt- und Mediastudien, Reports von Brancheninsidern, aber auch wissenschaftliche Erhebungen, wie die KIM- und JIM-Studien des Medienpädagogischen Forschungsverbands Südwest liefern umfangreiches Zahlenmaterial. Solches Zahlenmaterial wird auch hier wieder verwendet werden, aber vor allem dazu, um die größeren Entwicklungslinien aufzuzeigen.

Ein solches Buch ist notwendigerweise in seiner Darstellungsweise, trotz aller Bemühungen um Objektivität, auch von der Herkunft des Autors geprägt. Die Sichtweise auf Computerspiele wird klar „westlich" sein, also dem deutschen, europäischen und US-amerikanischen Kontext eine große Bedeutung zumessen. Entwicklungen in Asien, insbesondere Japan und Südkorea oder China, werden aus westlicher Sicht meist marginalisiert. Auch dieses Buch setzt sich diesem Vorwurf aus. Doch ist der Zugang zum Spielverhalten in jenen Ländern deutlich erschwert, und bestimmte kulturell geprägte Nutzungsformen wie die extensive Nutzung von Internetcafés oder bestimmte Spielformen (z. B. japanische Dating-Simulationen) bleiben westlichen Autoren meist fremd. Schließlich muss ein solches Buch seinen Gegenstand auch deshalb verzerren, weil der Autor nicht nur nüchtern beobachtender Wissenschaftler ist, sondern Computerspiele selbst nutzt und somit seine eigene Spielgeschichte in die Beschreibung einbringt – auch wenn Pandemie und persönliche Verpflichtungen in den letzten Jahren sicher dazu beigetragen haben, die eigene Erfahrungswelt nur noch wenig wachsen zu lassen.

3

Geschichte der Computerspiele

In diesem Kapitel steht die Geschichte der Computerspiele von den ersten Anfängen der Spielautomaten über den Boom der Heimkonsolen, den Aufstieg des PCs bis hin zu aktuellen Entwicklungen im Vordergrund. Computerspielgeschichte wird verstanden nicht nur als eine Abfolge neuer Spieltitel und Konsolen, sondern auch als Wandel der Nutzungsformen, vom öffentlichen Spielen in den „Arcades" der 1970er-Jahre bis hin zu heutigen Online- und plattformübergreifenden Spielen.

Was sind eigentlich Computerspiele? Welche Formen lassen sich unterscheiden? Der Begriff des Computerspiels erweist sich zwar als weitverbreitet, aber auch als problematisch. Wie unterscheiden sich beispielsweise Computerspiele und Videospiele, und was ist mit Spielen, die im Internet gespielt werden oder gar auf dem Smartphone? Was alle verschiedenen Formen gemeinsam haben, sind zwei Komponenten: eine Hardware- und eine Software-Komponente. Letztere ist das eigentliche Spiel. Es liegt in Form eines digitalen Codes vor, der von einer Computerhardware verarbeitet wird. Alle Spielformen setzen also zu ihrer Nutzung eine entsprechende technische Plattform voraus: eine Konsole, einen PC/Laptop, ein Smartphone oder irgendein anderes rechnerbasiertes System, vom Entertainmentsystem im Flugzeug oder Auto bis zur „smarten" Haushaltstechnologie. Eine Anekdote berichtet davon, dass es gelungen sei, das Shooter-Spiel *DOOM* (1993) auf dem Display eines smarten Kühlschranks spielbar zu machen. Wir halten in diesem Buch dennoch an dem in Deutschland geläufigen Begriff „Computerspiele" fest. In englischsprachigen Ländern wird stattdessen meist von Video Games und weniger von Computer Games gesprochen und der Versuch, wissenschaftlich von Digital Games zu sprechen, eignet sich nicht für den Alltagsgebrauch.

Dass Computerspiele einen Software- und einen Hardware-Bestandteil benötigen, erschwert die Analyse ihrer geschichtlichen Entwicklung. Letztlich handelt es sich um zwei miteinander verwobene Geschichten: die Geschichte der Hardware und die Geschichte der Software. Eine Trennung ist oftmals kaum möglich, da die Entwicklung einer bestimmten Hardware, zum Beispiel einer neuen Konsole, zu ganz neuen und spezifischen Spielen (Software) geführt hat. Auch in diesem Buch werden beide Aspekte gemeinsam abgedeckt, wobei sich zeigt, dass gerade die Anfangszeit der Computerspiele vor allem eine Geschichte der Hardware, der Spielplattformen, insbesondere der Konsolen ist. Wenig erforscht ist die Geschichte der Nutzung von Computerspielen in all ihren Formen. Es fehlen also detaillierte Antworten auf die Frage, wie sich bestimmte Nutzungsmuster über die Zeit hin entwickelt haben, wie sie das Angebot an Spielen geprägt haben und wie sich eine „Gaming-Culture" in den USA, Europa aber auch Asien entwickeln konnte.

Atari, Steve Jobs, die Mario Bros. und die Playstation-Generation

Das erste Computerspiel hieß *Spacewar!* und wurde von Steve Russel 1961 auf einem PDP-1-Minicomputer am Massachusetts Institute of Technology programmiert. Mit einer solchen Aussage könnte die Geschichte der Computerspiele in der Tat beginnen. Sie ist jedoch nicht vollkommen richtig und bedarf der Präzisierung. In der Tat hatte *Spacewar!* schon viel von dem, was heutige Computerspiele ausmacht. Aber bei dem sogenannten Minicomputer, auf dem das Spiel gespielt wurde, handelte es sich um ein mehr als 500 kg schweres Monstrum, welches Zigtausende Dollar kostete und nur von einigen wenigen Wissenschaftlern genutzt werden konnte. Es war ein Spiel, bei dem zwei Gegner (Mensch gegen Mensch, Mensch gegen Computer) mit ihren Raumschiffen, die vom Gravitationsfeld einer Sonne angezogen wurden, aufeinander schießen konnten. Wer als Erster traf, hatte gewonnen.

Der Spielcode lag in der Tat digital vor. Aber mindestens zwei Dinge sprechen dagegen, *Spacewar!* als erstes Computerspiel zu betrachten. Erstens gab es schon vorher ganz ähnliche Spiele: *Tennis for Two*, entwickelt von William Higginbottom drei Jahre früher, stellt ein ähnliches Spielprinzip vor. Über zwei kleine Knöpfe an einem Bildschirm (einem Oszilloskop) konnten Spieler sich gegenseitig Bälle zuschießen. Wer den Ball verpasste, hatte verloren. Zweitens spricht gegen *Spacewar!* als erstes Computerspiel, dass es kaum Nutzer fand. Es blieb eher ein Prototyp und eine technische Spielerei, um zu zeigen, was neben seriösen Berechnungen mit Computern möglich war.

Insofern könnte man vielleicht *Pong* aus dem Jahr 1972 als das erste Computerspiel bezeichnen. Vom Spielprinzip ähnlich wie *Tennis for Two,* lief es auf einem Prozessor, der zumindest teilweise digitale Daten verarbeitete. Es fand in Form großer Spielautomaten rasante Verbreitung. Angelehnt an Tischtennis, steuerten die Spieler einen virtuellen Ball über einen großen weißen Balken, der als Schläger diente. *Pong*-Automaten standen zunächst in Kneipen und Restaurants rund um die kleine Firmenzentrale des Entwicklers Atari. 1969 von Nolan Bushnell im schon damals sehr technikaffinen Kalifornien gegründet, entwickelte sich Atari zu einer treibenden Kraft des neuen Mediums.

Bushnell und Atari brachten zwei entscheidende Aspekte zusammen, die die Geschichte der Computerspiele prägen sollten: die Technologie und die klare Ausrichtung auf Unterhaltung. Bushnell versuchte, das auf einem teuren Großrechner laufende *Spacewar!* technisch so umzugestalten, dass es als „Coin-Op", als Spielautomat, funktionierte. Solche Spielautomaten hatten schon seit den 1920er-Jahren Einzug in Vergnügungsparks in den USA gefunden. Später kamen elektrisch-mechanische Geräte hinzu, wie beispielsweise die noch heute in Deutschland bekannten Flipper-Automaten. Ab den 1950er-Jahren standen sie auch in Spielhallen (englisch: Arcades), einem neuen Ort des Freizeitvergnügens.

Die Nutzung der ersten Computerspiele war öffentlich. Sie waren integriert in andere Freizeitbeschäftigungen. Langsam entstanden nun aber auch eigene Spielhallen, die nur für die Nutzung von Computerspielen reserviert waren. Diese Spielhallen finden sich mit allen ihren Attraktionen noch heute, beispielsweise in Einkaufszentren in Asien und in den USA. Arcade-Automaten finden sich aber auch in den mehr als 500 Filialen von „Chuck E. Cheese's", einer Pizzakette, die Nolan Bushnell Ende der 1970er-Jahre nach seinem Abschied von Atari gründete. Mit Pizza und Computerspielen unter einem Dach vereinte er die beiden Lieblinge ganzer Kindergenerationen. In Deutschland wiederum haben Arcade-Spiele eine deutlich geringere Bedeutung, da Spielautomaten generell oftmals mit Glücksspielautomaten gleichgesetzt werden, die streng reguliert sind. Die Spielhalle wurde auch gern als „Spielhölle" gesehen, in der meist junge Männer ihr bescheidenes Vermögen verprassten und in die Spielsucht abdrifteten. Die in den USA und insbesondere in Japan bedeutsame Arcade-Game-Kultur der 1970er- und 1980er-Jahre fand sich in Deutschland nur begrenzt.

Ab 1977 jedoch änderte sich die bevorzugte Nutzungsweise von Computerspielen allmählich. Sie wanderten von der „Spielhölle" ins Kinderzimmer. Es setzte ein Wandel des Spiels vom öffentlichen Raum hin zur Nutzung im Privaten, im Haushalt ein. Erst mit der Verbreitung von vernetzten Spielen Ende der 1990er-Jahre wurde diese Entwicklung teilweise wieder rückgängig gemacht. Und seit einigen Jahren beobachten wir, wie Spielen wieder im öffentlichen Raum stattfindet, aber anders als bei den Arcade-Games nicht mehr ortsgebunden, sondern als alltägliches Begleitmedium auf Smartphones.

Maßgeblichen Anteil an der Veränderung hin ins Private hatte erneut Atari mit der VCS-Konsole. Diese Konsole beruhte nun erstmals ganz auf einem Mikroprozessor, der digitale Daten verarbeitete. Anders noch als die landläufig als erste Spielekonsole geltende Magnavox Odyssee aus dem Jahr 1972 war die VCS auch preislich so attraktiv gestaltet, dass sie als neues Spielgerät in die Haushalte einziehen konnte. Man erkennt hier schon ein Geschäftsprinzip, welches den Konsolenmarkt noch heute bestimmt. Die Hardware, die Konsole an sich, muss günstig sein. Das Geld wird dann hauptsächlich mit der Software, den Spielen, verdient.

Journalisten schreiben gern, dass der Umsatz der Games-Branche heute größer sei als der der Filmbranche. Doch war dies bereits Anfang der 1980er der Fall, zumindest in den USA, wo ein Großteil des Umsatzes aus Vierteldollar-Münzen bestand, die in die Spieleautomaten geworfen wurden. 1982 ließ sich mit Arcade-Automaten mehr Umsatz machen als im Kino- und Musikmarkt zusammen. Dieser Erfolg lag vor allem an einigen, heute als Klassikern geltenden Spielen: *Pong* hatte den Weg bereitet, und es folgten *Breakout* (1976), *Space Invaders* (1978) und *Pac-Man* (1980). Bei *Breakout* musste ein einzelner Spieler mit dem aus *Pong* bekannten Schläger einen Ball gegen kleine Vierecke schleudern, die dann verschwanden. Wenn alle getroffen waren, war der Level gewonnen. *Breakout* läuft auf unzähligen Plattformen, darunter sogar dem (mittlerweile schon wieder verschwundenem) iPod. Dies liegt auch daran, dass sein Entwickler Steve Jobs war. Obwohl durchaus erfolgreich, war *Breakout* jedoch kein ähnlich vergleichbarer finanzieller Erfolg beschieden wie den beiden frühen Blockbustern der Computerspielgeschichte: *Pac-Man* und *Space Invaders*.

Bei *Pac-Man* steuerte man ein gelbes, einem Fünf-Sechstel-Kreis ähnelndes Wesen durch ein Labyrinth, fraß weiße Punkte und musste vor vier bunten Geistern flüchten. Ähnlich wie bei *Space Invaders*, bei dem man ein Raumschiff auf der horizontalen Achse steuern konnte und von oben kommende Alien-Raumschiffe abschießen musste, lag (und liegt) die Faszination dieser Spiele darin, einen „Highscore" zu knacken. Man kann *Space Invaders* nicht gewinnen. Irgendwann kommen die Gegner so schnell den Bildschirm herunter, dass sie nicht mehr abgewehrt werden können und ein großes „Game Over" auf dem Bildschirm prangt. Was aber Bestand hat, ist der Highscore. Je länger man spielt, je mehr und schwierigere Level man meistert, desto höher der Highscore und desto höher das Ansehen. Schon in den 1980er-Jahren entstanden lokale und teils sogar internationale Meisterschaften um diese Spiele. Dieser Wettbewerbsgedanke führte zu einem wahren Boom der Branche. Eine weitere Gaming-Anekdote, die vermutlich auch eine Art Großstadtlegende darstellt, besagt, dass *Space*

Invaders in Japan zu einer Krise bei der Versorgung mit 100-Yen-Münzen führte, weil sie alle in den Automaten steckten und nicht schnell genug wieder in Umlauf gebracht werden konnten.

Der Wettbewerbsgedanke spielt auch heute noch eine große Rolle beim Computerspiel. Ein Beispiel ist der sogenannte E-Sport, der sportliche Wettbewerb zwischen Menschen mit Hilfe von Computerspielen. Hier messen sich Spieler in teils professionellen Ligen in Deutschland, den USA und vor allem Korea mit Spielen wie *Counter-Strike* (ab 2000), *DotA* (*Defense of the Ancients*, ab 2003), *League of Legends* (2009) oder *StarCraft II* (ab 2010). Professionelle Spieler erzielen dabei, gerade in Asien, bis zu sechsstellige Jahresgehälter und werden wie Popstars verehrt. Der *Kicker*, Deutschlands über 100 Jahre altes Sportmagazin, widmet in seiner Online-Ausgabe dem E-Sport, insbesondere dem Spiel *FIFA* (ab 1993) einen eigenen Bereich, und viele Bundesligisten unterhalten mittlerweile eigene E-Sport-Teams für *FIFA*.

Der sportliche Wettbewerb ist also geblieben, hat sich sogar professionalisiert, verschwunden sind aber die Arcades. Sie erlebten in den 1980er-Jahren einen dramatischen Umsatzeinbruch. Grund der Krise war, dass das Angebot an Spielen nicht mehr mitwuchs. Die Firmen brachten immer mehr gleichartige Spiele auf den Markt und in einem schnelllebigen Business wie der Unterhaltungsbranche erwies sich dies als gefährlich. Der Heimkonsolenmarkt, der sich lange im Schatten der erfolgreichen Arcades entwickelte hatte, kollabierte schließlich im Jahr 1982. Meist wird einem Spiel daran die Schuld gegeben: *E.T.* (1982). Dabei handelte es sich um eine Verkettung unglücklicher Umstände. Der Markt war auf Expansion ausgerichtet, und mit *E.T.* erschien ein (Film-)Inhalt, der sich ideal vermarkten ließ. Die Programmierung geriet jedoch komplexer als bei einfachen Spielen wie *Pong*. Es dauerte länger als geplant, das Spiel fertigzustellen. Am Ende kam mit großem Marketingaufwand ein unfertiges, fehlerhaftes Produkt auf den Markt. Angeblich wurden mehr Kopien hergestellt, als überhaupt Konsolen vorhanden waren. Atari geriet in wirtschaftliche Schwierigkeiten. Die erste, sehr erfolgreiche Boom-Phase der Computerspiele war zu Ende.

Die Veränderung, die dann eintrat, bestimmt die Wahrnehmung des Mediums noch heute: die klare Ausrichtung auf Kinder als Zielgruppe. Die Arcades waren Orte, an denen sich Jugendliche und junge Erwachsene trafen. Mit den ersten Konsolen für den Hausgebrauch lag das Augenmerk aber schon auf der Familienunterhaltung. In das Vakuum, das die Computerspielkrise der Jahre 1982/83 hinterlassen hatte, stieß eine Firma, die sich nun ganz der neuen Zielgruppe widmete: Nintendo. Der japanische Konzern ist nicht nur das einzige Unternehmen, das noch heute sowohl Spiele als auch Spielgeräte entwickelt. Nintendo hat auch dazu beigetragen, dass sich eine neue Art der Computerspielvermarktung durchsetzen konnte: Nintendo setzte auf Qualität anstatt Quantität und klare Markenbotschafter. Man produzierte weniger Spiele, diese mussten dafür die internen Qualitätskriterien erfüllen, (weitgehend) kindgerecht sein und die Marke befördern. Ein kleiner Klempner, Mario, spielt dabei noch heute eine große Rolle. Mario tauchte als „Jumpman" zunächst 1981 im Spiel *Donkey Kong* auf. Name und Beruf sind eher zufällig gewählt. Der Name stellt angeblich eine Retourkutsche für einen uneinsichtigen amerikanischen Lagerhallen-Vermieter dar. Und Klempner wurde Mario, da ein Handwerker-Outfit einfach zu programmieren war und keine sich bewegenden Haare benötigte. Das Ergebnis dieser Zufälle stellt jedoch ein noch heute äußerst attraktives Marken-Imperium dar. Mit *The Super Mario Bros. Movie* gelang im Jahr 2023 ebenfalls die bis dato erfolgreichste Verfilmung eines Computerspiels. Mehr als 200 Spiele, von denen mehr als 200 Mio.

Einheiten verkauft wurden, lassen sich auf Mario, seinen Bruder Luigi, die zu rettende *Prinzessin Peach* (Toadstool) und den Affen *Donkey Kong* zurückführen. Mario bietet einfache, lustige Unterhaltung in einer grellbunten Welt, in der als „Waffen" meist ein Sprung auf den Kopf oder eine fliegende Bananenschale dienen.

Schon zu Beginn der 1980er-Jahre entwickelte Nintendo einfach zu bedienende Konsolen, die nicht mehr Videospiel hießen, sondern *Nintendo Entertainment System*, kurz *NES*. Man grenzte sich bewusst von der wilden Epoche der ersten Konsolen- und Arcade-Spiele ab. Die Konsolen bot man sehr günstig an. Manchmal fuhr man damit sogar einen Verlust ein. Dieses „Razor-and-Blades-Market" genannte Prinzip gilt noch heute. Man verkauft die Hardware (die Konsole, den Rasierapparat) billig, teils mit Verlust, um mit der Software (den Spielen, den Klingen) richtig Geld zu verdienen. Als die Playstation 3 beispielsweise 2006 auf den Markt kam, machte Sony mit jedem Gerät fast so viel Verlust, wie es Umsatz erzielte.

Nintendos Marktstrategie baute jedoch auch darauf, dass es immer Kinder gab, die seine Spiele spielen wollten. Wenn Kinder älter wurden, sank zwar das Interesse an den hochwertig gemachten, aber niedlichen und gewaltfreien Spielen von Nintendo, aber bis dahin waren schon wieder neue Kinder als Zielgruppe vorhanden. Computerspiele wurden zum Kinderspiel. Bis Ende der 1980er-Jahre hatte Nintendo damit nur wenig Konkurrenz zu fürchten.

Mit der Expansion eines weiteren japanischen Konsolenanbieters, SEGA, kam es zu einem weiteren Wendepunkt in der Computerspielgeschichte. Obwohl SEGA inzwischen vom Markt verschwunden ist, hat dieser Markteintritt Auswirkungen auf die heutigen Auseinandersetzungen um das Thema Computerspiele. 1989 erklärte SEGA den „Krieg der Konsolen". Es führte mit der *Genesis* eine neue Konsole ein, die Nintendos SNES den Rang ablaufen sollte. Nicht nur technologische Innovationen, bessere Grafik, schnellere Rechenleistung wurden als Marketingargumente angeführt, sondern auch Spielinhalte. War SEGAs *Sonic*, ein blauhaariger Cartoon-Igel, noch die aufgeputschte, anarchistisch laute Antwort auf den biederen Mario, so erschienen auf SEGAs Konsolen bald Inhalte, die eindeutig nicht für Kinder geeignet waren: Kampf- und Prügelspiele wie *Virtual Fighter* (1993) richteten sich an diejenigen, die zu alt für Nintendos Spiele waren. Eines dieser Spiele, *Mortal Kombat* (1993), führte in den USA zu einer heftigen gesellschaftlichen Debatte um die Wirkung von gewalthaltigen Computerspielen (siehe Kap. 5). Zwar erschien das Spiel auf den Konsolen beider Hersteller, doch nur in der SEGA-Variante spritzte das Blut, und das Spiel enthielt die richtigen „Finishing-Moves", also jene Schlagkombinationen, die den Gegner nicht nur besiegten, sondern auf möglichst spektakuläre Weise töteten.

SEGA und die Entwicklung neuer, grafisch aufwändiger und gewalthaltig werdender Spiele veränderten die Branche in den frühen 1990er-Jahren. Dazu kamen zwei weitere Wendepunkte: der Markteintritt von Sony mit der Playstation 1994 und die zunehmende Bedeutung des PCs als Spielplattform.

SEGAs aggressives Marketing mit unzähligen Fernsehspots hatte bereits versucht, Konsolenspiele vom Image des Kindermediums zu befreien. Sony trieb 1994 mit der Einführung der Playstation diese Strategie auf die Spitze. Die Playstation war ein Lifestyle-Produkt. Sie machte Games hip. Konsolen tauchten plötzlich in Musikvideos und Clubs auf. Sie mussten nicht mehr unter dem Fernseher versteckt werden, sondern wurden zum futuristischen Einrichtungsgegenstand. Die Playstation 1 verkaufte sich mit über 100 Mio. Exemplaren so häufig wie keine andere Konsole zuvor. Das Angebot an Spielen war riesig, und Sony sorgte dafür, dass einige hochwertige Titel exklusiv für die Playstation erschienen. Gleichzeitig achtete man aber auch darauf, dass unabhängige Entwickler leicht für die Sony-Konsole arbeiten konnten. Die Käufer konnten aus mehr als 1000 Titeln auswählen. Die im Jahr 2000 gestartete Nachfolgerin, die Playstation 2, übertraf den Erfolg des ersten Modells noch. Einzig die 2006 veröffentlichte Playstation 3 fiel im Krieg der Konsolen hinter Nintendos Wii zurück. Nintendo konnte erstmals aus dem „Höher, weiter, schneller"-Wettbewerb der Konsolen ausbrechen und Erfolge mit einer einfachen, günstigen und auf Spielspaß getrimmten Konsole erzielen.

Von den ersten PC-Spielen zum E-Sport und MMORPGs

Für den Erfolg der ersten Playstation verantwortlich war eine technologische Innovation, die auch den PC immer mehr zur Spielplattform werden ließ: die CD-ROM. Die Playstation war die erste Konsole, bei der Spiele nicht über aus Plastik gefertigte sogenannte Cartridges vertrieben wurden. Stattdessen verwendete man CD-ROMs, die sich einfach vervielfältigen ließen (und dank der eigens konzipierten Hardware doch noch einigermaßen sicher vor Raubkopien waren). Auf der CD-ROM ließen sich größere Datenmengen speichern als auf den Konkurrenzprodukten. Die Spiele wurden aufwändiger, der Sound realistischer, und anspruchsvolle 3-D-Welten wurden möglich.

Dies sprach ab Anfang der 1990er-Jahre auch zunehmend für den PC als neue Spielplattform, die sich gerade in Deutschland durchzusetzen begann. Ein handelsüblicher PC hatte damals meist wenige hundert Megabyte Festplattenspeicher. Auf einer einzigen CD-ROM lagen über 600 Megabyte an Daten vor. Damit stand ein neues Speichermedium auch für den PC zur Verfügung, mit dem

Filmsequenzen und anspruchsvolle 3-D-Grafiken in Computerspiele integriert werden konnten. *Rebel Assault* (1993), auf der Grundlage des *Star Wars*-Markenimperiums, integrierte Elemente der Filme und lag ausschließlich auf CD-ROM vor.

Interessanterweise war es der Apple II, der den Boom von PC-Spielen förderte. Für ihn entstanden einige der ersten klassischen Computerspiele, die nicht an eine Konsole oder Arcade-Maschine gebunden waren, wie zum Beispiel der erste Teil von Richard Garriots Rollenspiel-Reihe *Ultima* (ab 1981). Roberta Williams, die später mit der *Kings Quest*-Reihe (1984–1998) bekannt wurde, veröffentlichte ihr erstes Adventure-Game *Mystery House* (1980) für den Apple II. Heutzutage erscheint nur noch eine kleine Minderheit von Computerspielen für Apple-Rechner, und der Windows-PC stellt die typische Gaming-Plattform dar. Vorläufer dieser heutigen PC-Variante waren jedoch die in Deutschland sehr beliebten Commodore Produkte, allen voran der 1982 veröffentlichte C64 und später der Amiga. Einige Spielgenres erschienen dabei vorwiegend auf dem Heimcomputer: Zum einen sind dies die bereits angesprochenen Adventure-Spiele. Entstanden in den 1980er- und 1990er-Jahren, gelten Adventure-Spiele wie *Monkey Island* (ab 1990) heute als Klassiker, die erstmals Humor in Computerspiele brachten. Zum anderen ist der PC die beliebteste Plattform für drei noch heute kontrovers diskutierte Genres: sogenannte Ego-Shooter, Echtzeitstrategie-Spiele und Online-Rollenspiele.

Der Boom der Shooter-Games begann mit einem anarchistisch-grellen 3-D-Spiel, in dem der Spieler am Ende der dritten Episode Adolf Hitler erschießen konnte, der laut wimmernd in einer Lache von Blut den virtuellen Tod starb: *Wolfenstein 3D* (1992). Das Spiel an sich enthielt in übersteigerter Form alle Nazi-Stereotype der Populärkultur, was letztlich dazu führte, dass es vom Amtsgericht

3 Geschichte der Computerspiele

München 1994 wegen Verwendung verfassungsfeindlicher Symbole beschlagnahmt und bis 2019 nicht in Deutschland vertrieben werden durfte. Auch der Nachfolger des Spiels, *DOOM* (1993), wurde von der Bundesprüfstelle für jugendgefährdende Medien indiziert (1994). Diese Indizierung wurde 2011 aufgehoben (siehe auch Kap. 5). Was *DOOM* und *Wolfenstein 3D* aus Sicht der Genre-Entwicklung auszeichnete, war die dreidimensionale Perspektive, die der meist männliche Spieler einnahm: Er sah nur die Waffe der Spielfigur und die dreidimensionale Umgebung. Spielprinzip war, in einem Labyrinth den Ausgang zu finden, kleinere (Schalter-)Rätsel zu lösen und vor allem Unmengen an immer intelligenter werdenden Computergegnern auszuschalten. Dies alles geschah mit immer mächtiger werdenden Waffen, vom Messer über die Maschinenpistole bis zu Plasmagewehr und Raketenwerfer.

Die verhältnismäßig realistische Grafik und der hohe Gewaltgehalt führten dazu, dass gerade die Ego- (oder auch First-Person-)Shooter sich heftiger öffentlicher Kritik stellen mussten. Teilweise mag gar der Eindruck entstanden sein, Computerspiele und Shooter seien identisch und es gebe kaum noch andere, friedliche Spiele. Tatsächlich waren Shooter die Avantgarde der Computerspiele in den 1990er- und 2000er-Jahren, zumindest in technologischer Hinsicht. Sie verlangten die leistungsfähigste Hardware. Die Spiele übertrafen sich dabei in der physikalisch korrekten Berechnung der virtuellen Umwelt: Von Sonnenreflexion, Wasserspiegelungen bis hin zu sogenannten Schadensmodellen (wie genau zum Beispiel ein Gebäude auseinanderbricht, wenn es von Schüssen oder einer Granate getroffen wird) integrierten die Spiele alles, was mit Hochleistungsrechnern möglich ist. Die Steuerung mit Maus und Tastatur machte sie ungeeignet für die Konsolen, doch die PCs, auf denen sie gespielt wurden, konnten immer wieder erweitert werden, um den zunehmenden Hardware-Hunger zu befriedigen. Heutige Shooter bieten zunehmend neue Spiel- und Sichtweisen, die auch für Konsolen geeignet sind. Spiele wie *Fortnite* oder auch *PUBG* (ab 2017) zeichnen sich dadurch aus, dass sie auf dem PC, der Konsole oder auch dem Smartphone/Tablet bedienbar sind.

Die Wahrnehmung von Computerspielen noch mehr geprägt hat jedoch ein anderes Spiel: *Counter-Strike*. Daran entzündeten sich viele Debatten über die Regulierung und das Verbot von Computerspielen. War in den USA *Mortal Kombat* das sprichwörtliche Killerspiel, so ist es in Deutschland vermutlich *Counter-Strike* (siehe Kap. 5). Dabei handelt es sich bei *Counter-Strike* anfangs um ein studentisches Freizeitprojekt. Ende 1998 erschien der Science-Fiction Shooter *Half-Life*. Das Spiel mit seiner Kombination aus spannender Story, intelligenten Gegnern, komplexen Handlungsmöglichkeiten und gelungener Spielmechanik und -grafik war ein kommerzieller Erfolg und sehr beliebt. Es bot ambitionierten Nutzern aber eine weitere Möglichkeit, die auch schon einige Spiele vorher beinhaltet hatten, ohne damit auch nur annähernd so erfolgreich zu werden: Es war „modbar". Eine Mod, kurz für Modifikation, ist eine von Spielern selbst gestaltete Veränderung des Spiels. Man greift dabei auf die Software-Grundlagen eines bestehenden Spiels mit Hilfe eines sogenannten Editors zurück und programmiert dieses Spiel dann damit um. Solche Umgestaltungen können neue Level für ein bestehendes Spiel sein oder aber ein komplett neu gestaltetes, eigenständiges Spiel, so geschehen im Fall *Counter-Strike*. Zwei Studenten, Minh Lee und Jeff Cliffe, bauten aus dem storylastigen *Half-Life* ein aufs Wesentliche reduziertes Shooter-Spiel: *Counter-Strike*. Eine Gruppe, die Terroristen, nimmt eine Geisel; eine andere Gruppe, die Counter-Terroristen, muss diese Geisel befreien. Die Besonderheit von *Counter-Strike* liegt jedoch darin, dass es sich hierbei um ein Teamspiel handelt. Die relativ simplen Aufgaben

(„Befreie die Geisel") müssen zusammen erledigt werden. Die Gegner sind andere Spieler, entweder im heimischen Netzwerk oder online am anderen Ende der Welt. Der Wettbewerbscharakter des Spiels war ein entscheidender Faktor für seinen Erfolg: Zusammen mit Freunden oder mit einem Clan, wie organisierte Gemeinschaften im Gamer-Jargon heißen, gegeneinander oder noch besser miteinander eine rasante Partie *Counter-Strike* zu spielen, war – auch wenn das Spiel aus grafischer Sicht schon lange seinen Zenit überschritten hatte – für Jahre etwas ganz Besonderes.

Counter-Strike ist das am längsten und vermutlich auch am intensivsten genutzte Computerspiel im Bereich des E-Sports. Ganz ähnlich wie bei anderen Sportarten entwickelten sich hier Strukturen aus Vereinen, Turnieren, Ligen und sogar (semi-)professionellen Stars. *Counter-Strike* wurde somit mehr zum Sportgerät als zum Shooter. Es war klassischer Teamsport, Rot gegen Weiß, Bayern gegen Dortmund, Terroristen gegen Counter-Terroristen oder „mousesport" gegen „SK gaming" (wie zwei erfolgreiche deutsche E-Sportteams heißen).

Ein weiteres Spiel hat jedoch die Entwicklung des E-Sports vermutlich noch mehr geprägt als *Counter-Strike* und verweist auf das zweite mit dem PC als Spielplattform aufgekommene Genre: *StarCraft*. Das sogenannte Echtzeitstrategie-Spiel erschien im Jahr 1998, und noch heute Jahre nach dem Erscheinen des Spiels kann ein Match zweier Spieler in Korea ganze Stadien füllen. Seit 2010 steht der Nachfolger *StarCraft II* diesem Erfolg in nichts nach.

Ähnlich wie die im Team gespielten Shooter erfordern die meist Eins-gegen-Eins gespielten Echtzeitstrategie-Spiele schnelle Entscheidungen. Spieler führen Hunderte von Handlungen pro Minute aus: Sie geben Befehle, Spieleinheiten zu produzieren, platzieren virtuelle Gebäude auf dem Spielfeld, befehligen eine virtuelle Armee, greifen an und verteidigen gleichzeitig. Zugrunde liegt das Schere-

Stein-Papier-Prinzip. Jede Einheit kann bestimmte andere Einheiten besiegen, aber auch von wieder anderen besiegt werden. Spiele wie *StarCraft* haben dieses Prinzip aber so perfektioniert, dass es unzählige erfolgreiche Strategien gibt. Im E-Sport werden solche Spiele dann live online übertragen und kommentiert wie ein sehr, sehr schnelles Fußballspiel.

Dune aus dem Jahre 1993, lose angelehnt an den bekannten Roman von Frank Herbert, gilt als eines der ersten Echtzeitstrategie-Spiele. Andere wie z. B. die *Panzer-General*-Reihe (1994–2000) oder das stärker auf wirtschaftliche und politische Zusammenhänge ausgerichtete *Civilization* (ab 1989) sowie die erfolgreiche deutsche *Battle-Isle*-Reihe (1989–2000) beruhten darauf, dass erst ein Spieler (Mensch oder Computer) seine Züge durchführte und dann, wie beim Schach, der Gegner an der Reihe war. Mit zunehmender Rechenpower wurde es aber möglich, dass alles gleichzeitig geschehen konnte. Beide Parteien agierten simultan, und anstatt lange zu überlegen, musste nun schnell und taktisch gehandelt werden. Mit *Warcraft Orcs and Humans* (1994) von Blizzard Entertainment wurde dieses simple Prinzip dann so weitergeführt, dass daraus ein höchst komplexes Entscheidungsspiel entstand. Vier Jahre später übertrug Blizzard diesen Spielmechanismus von einer mittelalterlichen Fantasy-Welt auf eine Science-Fiction-Welt, schuf drei Spiel-Rassen, Menschen, insektenähnliche Zerg und telepathische Maschinen-Wesen, die Protos, und das neue Spieluniversum von *StarCraft* war geschaffen.

Zwar weisen die meisten der Echtzeitstrategie-Titel einen Einzelspieler-Modus auf, doch der Charme der Spiele liegt im Wettbewerb gegeneinander. Weltweite Server und ein geschickter Algorithmus sorgen für perfektes „Match-Making" und „Balancing" – also dafür, dass Spieler, die gleich gut sind, gegeneinander antreten und dass die Stärken und Schwächen der Einheiten fair austariert sind.

StarCraft hat dazu beigetragen, dass Blizzard Entertainment zu einem Global Player in der Entertainment-Branche geworden ist. Viel wichtiger für den Erfolg des Unternehmens scheint jedoch ein weiteres Spiel zu sein, das aus dem ersten *Warcraft* entwickelt wurde: *World of Warcraft* (2004).

World of Warcraft ist so etwas wie das iPhone der Online-Rollenspiele. Es ist nicht das erste Produkt seiner Art, vielleicht auch nicht das beste, aber ein ziemlich gutes und eines, das viele Ansätze von anderen übernommen und sie verbessert hat. *World of Warcraft* ist ein sogenanntes Massive-Multiplayer-Online-Role-Playing-Game, ein MMORPG. Das Spiel stellt eine Welt, angelehnt an die fiktive Welt der Menschen und Orks aus dem Computerspiel *Warcraft* zur Verfügung. Es gibt den Spielern die Möglichkeit, Figuren mit bestimmten Eigenschaften, vom Magier bis zum Kämpfer (selbstverständlich mit eigenen Abwandlungen, wie Pandabären-Mönchen und dunklen Blutelfen-Todesrittern), zu spielen. Und es liefert schließlich einige Aufgaben, sogenannte Quests, und lässt die Spieler gemeinsam die Spielwelt erkunden. Man spielt nicht allein gegen den Computer oder andere Spieler, sondern zusammen mit Tausenden anderer Menschen in einer virtuellen Welt, die sich auch weiterentwickelt, wenn man nicht spielt. Loggt man sich nachts aus, kann es sein, dass die Welt am nächsten Morgen eine andere ist. Das Spiel ist Wettbewerb, Erkundungsmission, aber auch Ort des sozialen Austauschs. In *World of Warcraft* – spöttisch auch World of Chatcraft, Welt des Geplauders, genannt – wird vermutlich ebenso viel geredet wie gekämpft. Wem das alles zu viel ist, der kann aber einfach nur durch eine virtuelle Welt spazieren, sich eine ruhige Ecke suchen und dort angeln.

World of Warcraft steht hier stellvertretend für etliche solcher Spiele, entweder mit eigenen Fantasiewelten oder angelehnt an bekannte Formate wie *Star Wars* oder *Herr der*

Ringe. So wie *Counter-Strike* stellvertretend für die Killerspiel-Debatte steht, so steht *World of Warcraft* aber auch für die Debatte zum Thema Abhängigkeit. In der Szene gilt jedoch das verwandte und deutlich ältere *EverQuest* (1999), in Anlehnung an die Droge Crack auch als Evercrack bezeichnet, als das problematischere Spiel. MMORPGs stellen sogenannte persistente Welten dar, die immer da sind, sich permanent verändern. Dies fordert von den Spielern, auch immer präsent zu sein. Nur wenn man online ist, kann man den Freunden im großen Kampf beistehen, kann man der Erste sein, der einen neu geschaffenen Gegner besiegt. Kritiker befürchten, dass genau solche Mechanismen die Spieler in eine Art Abhängigkeit führen – mehr dazu aber in Kap. 6.

Der Blick in die Vergangenheit sollte aufzeigen, wie sich Computerspiele entwickelt haben. Wie das Zusammenspiel aus Hardware und Software die Entwicklung bestimmte, wie sich aber auch die Spiel- und Nutzungsweisen veränderten: vom öffentlichen Spiel in der Arcade hin zum Spiel im Haushalt, vom anrüchigen Spiel der Jugendlichen hin zum harmlosen Kinderspiel und zum besorgniserregenden Spiel mit Gewalt. Den Abschluss dieses Kapitels bildet ein kurzer Überblick über aktuelle Spielformen und die Antwort auf die Frage, wer eigentlich Computerspiele spielt.

Der Status quo – Versuch eines Überblicks

Wie sieht nun also heute die Situation der Computerspiele aus? Welche Spiele gibt es? Wer nutzt sie? Und was sind – sofern man das überhaupt sagen kann – die Trends der Zukunft? Interessant ist, dass sich seit der ersten Auflage dieses Bands an den abstrakten Zahlen, wer Computerspiele spielt, gar nicht so viel verändert hat, dass aber gerade die

Jahre 2017–2023 zu einer spürbaren Veränderung der Art und Weise geführt haben, wie Computerspiele gespielt werden: Vernetzung, Cross-platform-gaming (also Spielen über die Grenzen von Plattformen hinweg) und die zunehmende mobile Nutzung und weitere Ausdifferenzierung von Spielformen können als zentrale Trends aufgezeigt werden. Diese sind dabei so zentral, dass sie in einem eigenen Kapitel abgehandelt werden (Kap. 4). Dennoch sei an dieser Stelle ein kleiner Überblick über die Entwicklungen bei PC, Konsolen und mobilen Spielen versucht.

Laut Angaben des Branchenverbands GAME, der 2018 aus der Fusion des Verbands der Games-Branche und des Bundesverbands der deutschen Games-Branche, hervorgegangen ist, spielten 2023 34,4 Mio. Menschen in Deutschland zumindest gelegentlich Computer- oder Videospiele. Dieser Wert ist seit mehreren Jahren mehr oder weniger konstant. Der Anteil der Spielerinnen liegt dabei bei 48 %, und der durchschnittliche Spieler (oder die durchschnittliche Spielerin) ist mittlerweile 36,4 Jahre alt (alle Angaben nach dem Konsumforschungsinstitut GfK). Der Umsatz der Branche in Deutschland lag 2022 bei gut 9,8 Mrd. € – ein deutlicher Anstieg gegenüber 2019, aber nur noch ein geringer im Vergleich zum Vorjahr.

Kurz gesagt drücken diese Zahlen zwei Dinge aus: Computerspiele sind im Mainstream der Gesellschaft angekommen, und der Markt für sie in Bezug auf Zielgruppe und Umsatz ist seit mehreren Jahren mehr oder weniger stabil. Die Pandemie hat sicher zu einem gewissen Boom geführt, aber mittlerweile stabilisiert sich auch hier der Markt wieder.

So gern Brancheverbände damit argumentieren, wie vielfältig Spielerinnen und Spieler in Deutschland sind – die abstrakten Zahlen sind nur ein Teil der Wirklichkeit.

Nicht jede Spielform wird von jedem genutzt, und einzelne Formen des Spielens unterscheiden sich deutlich voneinander. Die ältere Hausfrau, die eine Runde *Solitär* am PC oder Tablet spielt, wird zwar formell zu den Gamern gezählt, wird sich aber viel weniger damit identifizieren als der 12-Jähre *Roblox*-Spieler, der eigene Inhalte erstellt und sich damit das Taschengeld aufbessert, oder der 40-Jährige, dessen Playstation 5 am 8K- Fernseher und der Dolby-5.1- Anlage angeschlossen ist.

Es bietet sich also weiterhin an, ein wenig genauer auf die Entwicklung einzelner Märke zu schauen, und auch hier liefert der Branchenverband GAME einige interessante Daten. So hat sich der Markt für Spiele auf Tablets und Smartphone mittlerweile zum umsatzstärksten Segment entwickelt, hier werden 99 % aller Umsätze aber über In-Game- oder In-App-Käufe erwirtschaftet, also über Käufe, die innerhalb eines Spiels stattfinden. Wie diese genau funktionieren, wird in Kap. 4 genauer vorgestellt werden. Auch beim PC-Markt, der noch etwas mehr als halb so umsatzstark wie der Markt für Smartphone-Spiele erscheint, machen solche Käufe noch 70 % des Umsatz aus. Bei den Konsolen sind es jedoch nur knapp 30 %. Mit gut 40 % sind hier die Spielekäufe noch stärkster Umsatztreiber – verglichen mit nur noch 15 % bei den PC-Spielen.

Die Märkte für PC-Spiele, Konsolen und Smartphone-Spiele unterscheiden sich also nicht nur darin, wer diese Spiele nutzt, sondern auch darin, wie die Spiele genutzt werden und wie damit Geld verdient wird. Aus diesem Grund ist es sinnvoll, sich diese drei Bereiche getrennt voneinander anzuschauen.

Verhältnismäßig einfach und beständig zeigt sich die Situation bei den Konsolenspielen. Drei Hersteller bestimmen hier seit 2001 den Markt: Sony, Nintendo und Microsoft. Sie vertreiben die Konsolen und sind direkt oder indirekt in viele der bedeutenden Software-Produktionen eingebunden. Dabei bleibt eine Konsole meist fünf bis sechs Jahre im Markt und wird dann durch ein Nachfolgermodell abgelöst. Man spricht auch von Konsolengenerationen, da die Geräte meist zum gleichen Zeitpunkt veröffentlicht werden und technisch zumindest ähnlich sind.

Die Dominanz der Sony Playstation von 1994 bis 2005 wurde mit der Nintendo Wii (2006–2013) gebrochen. Anders als die Konsolen von Sony und Microsoft setzte die Wii auf ein innovatives Steuerkonzept, bei dem die Bewegung des Steuergeräts, des Controllers, im Spiel simuliert wird. Einfache, meist auf Spiel und Spaß ausgelegte Spielkonzepte setzten sich durch, doch technisch zogen die Konkurrenten gleich, und mittlerweile integrieren alle Konsolen bewegungssensitive Steuerungselemente mit Bewegungssensoren (z. B. *Move*) oder auch Kamera (*EyeToy*, *Kinect*). Abgesehen vom Erfolg einiger Wii-Spiele bestimmen aber weiterhin eher klassisch per Controller zu steuernde Spiele den Markt. Die großen, meist mit aufwändigem Marketing gestarteten Spieltitel – von *Grand Theft Auto* bis *Call of Duty* – erscheinen alle auf den aktuellen Konsolen, wie auch die meisten sogenannte Triple A- (AAA-)Titel – die Blockbuster der Game-Branche. Daneben werden ältere Titel mittlerweile über die Online-Stores der Konsolen vertrieben, was zu einer „Rückwärtskompatibilität" führt. In diesen Stores stehen mittlerweile auch kleinere, sogenannte Independent-Games zur Verfügung, die von unabhängigen Entwicklern kostengünstig entwickelt wurden, oftmals innovative Spielkonzepte aufweisen und von den großen Plattform-Anbietern mit ins Programm genommen werden. Die Online-Einbindung zum vernetzten Spiel, aber auch zur Erweiterung (über sogenannten Download-Content, DLC) bestehender Spiele mit neuen Karten, Levels oder Spielfiguren ist ein wichtiger Bestandteil auch von Konsolenspielen geworden.

Mit der Playstation 4 (ab Ende 2013) führt Sony wieder im Wettbewerb der Konsolen. Verkaufte sich die Playstation 4 noch über 100 Mio. Mal (2014–2022), scheint mit der 2020 erschienen Playstation 5 ein Ende des Booms der Videospielkonsolen zumindest für Sony erreicht zu sein. Engpässe bei der Verfügbarkeit bestimmten die Einführung der Playstation 5, und Stand 2023 kommt die Konsole nur auf weniger als 40 Mio. verkaufte Einheiten. Die ebenfalls 2020 eingeführt Xbox Series kommt sogar nur auf gut die Hälfte dieser Verkäufe.

Konsolen wurden und werden zwar immer mehr zu Unterhaltungszentralen mit umfassenden Multi-Media-Angeboten (Online-Zugang, Video-on-Demand, Blu-Ray-Player, Musik-Server), aber mittlerweile gibt es einfachere, kostengünstigere Lösungen, und die technologischen Sprünge von einer Generation zur nächsten (von HD zu 4K oder 8K-Auflösung) sind meist nur noch für eine kleine Gruppe an Intensiv-Spielern von Interesse. Bei Kosten von mehreren hundert Euro sind aktuelle Konsolen kein Kinderspielzeug mehr, und die angebotenen Inhalte richten sich auch mehr an (junge) Erwachsene, die bereit sind, in neueste Technologie zu investieren.

Nintendo hat sich aus diesem Wettbewerb um die beste Grafik und die höchste Rechenleistung schon mit der Nintendo Wii verabschiedet und führte 2017 mit der Switch-Konsole ein Modell ein, das erstmals mobiles Spielen und Spielen zu Hause miteinander verknüpfte. Die einfache Konsole, die weiterhin auf Spielmodule und nicht Blu-Ray-Disks oder große Online-Speicher setzt, ersetzte sowohl die stationären als auch die mobilen Konsolen des Herstellers und wurde somit eine der am meisten verkauften Konsolen der Computerspielgeschichte. Seit 2019 ist eine kostengünstigere Version verfügbar, die nicht mehr an einen Bildschirm angeschlossen werden kann, aber die gleichen Spiele nutzt und nur über den eigenen Tablet-Bildschirm genutzt werden kann.

Interessant ist, dass Sony 2023 mit der PlayStation Portale Remote Player eine eigene mobile Konsole auf den

Markt brachte, mit dem Spiele der Playstation 5 mobil weitergespielt werden können – eigene Spielfunktionen bringt die Konsole aber (bislang) nicht mit.

Auf Konsolen – egal ob Playstation, X-Box oder Switch – dominieren die Verkäufe von Spielen noch als Umsatztreiber. Mittlerweile lässt sich aber auch mit Zusatzinhalten per Download oder anderen In-Game-Inhalten Geld verdienen. Obwohl die Nintendo Switch noch mal zu einem Boom der portablen Konsolen geführt hat und sich gerade für Kinder als ein beliebtes Einstiegsmedium erwiesen hat, ist weiterhin zu erwarten, dass stationäre Konsolen wie X-Box und Playstation sich stärker an ein spielaffines, technikbegeistertes Publikum richten und ebenso wie die portablen Konsolen für den gesamten Gaming-Markt eher an Bedeutung verlieren werden.

International war dem PC oftmals ein ähnliches Schicksal beschieden. Gerade in Deutschland erfreut sich der PC jedoch immer noch einer vergleichsweise großen Beliebtheit als Spielplattform. Was ihn auszeichnet, sind seine Multifunktionalität und die weite Verbreitung. Auf dem PC findet sich das breiteste Angebot an Spielen; er hat somit auch die vermutlich heterogenste Zielgruppe. Wie aufgezeigt, werden einige klassische Genres noch hauptsächlich auf dem PC genutzt: Ego-Shooter, Echtzeitstrategie-Spiele und Online-Rollenspiele. Darüber hinaus erscheinen auf dem PC aber auch unzählige innovative Independent-Games. Diese Spiele werden von kleinen Teams entwickelt, brechen mit etablierten Konventionen oder liefern durchaus ernste Themen. In *Papers Please* (2013) beispielsweise spielt man einen Grenzbeamten, der Einreiseentscheidungen treffen muss, und manövriert sich somit immer mehr in moralische Zwickmühlen. In *This War of Mine* (2014) spielt man nicht die Helden in einem Krieg, sondern einfache Zivilisten, deren Überleben man sicherstellen muss. Bei manchen dieser Independent-Games handelt es sich auch um *Serious Games*, also Spiele, die einen ernsten Hintergrund besitzen und dazu gedacht sind, ihre Nutzer nicht nur zu unterhalten, sondern ihnen auch etwas beizubringen (siehe Kap. 5).

Maßgeblichen Einfluss auf den Erfolg dieser unabhängig von einem großen Entwicklungsstudio entstandenen Titel hat die Verbreitung von Online-Plattformen, insbesondere die Plattform *Steam*. Entwickelt vom Spieleanbieter Valve, der durch den Vertrieb der Shooterspiele *Half-Life* (ab 1998) und *Counter-Strike* (ab 2000) bekannt geworden war, stellt Steam mittlerweile die erfolgreichste Website für den Vertrieb von Online-Spielen dar. Hier können über einen Online-Shop relativ einfach selbstentwickelte Computerspiele vertrieben werden und auch die meisten aktuellen großen „AAA-Titel" werden über *Steam* vertrieben. Ein Datenträger ist meist gar nicht mehr vorhanden, wenn ein Spiel im Laden gekauft wird, sondern nur noch ein Download-Code für das Spiel bei einer Online-Plattform. Seit 2022 hat Valve eine eigene mobile Spielkonsole auf den Markt gebracht, auf der einige der unzähligen Spiele der Plattform laufen.

Neben Steam verfügen aber auch die großen Spielanbieter alle über vergleichbare Online-Shops, und auch Amazon ist mit einem eigenen Service – Amazon Prime Gaming – in den Markt der Vertriebsplattformen eingestiegen. Vom Umsatz her deutlich kleiner, aber vermutlich neben Steam die für den Verkauf von Spielen wichtigste PC-Plattform ist GOG, ehemals Good old Games. Finanziert wird die Plattform vom polnischen Entwickler CD Projekts, dessen Spiel *Gwent* (2018) in Kap. 4 eine besondere Rolle spielen wird.

Plattformen wie Steam oder GOG behalten meist ca. 30 % der Umsätze eines Titels selbst ein und schütten die restlichen 70 % an die Entwicklerstudios aus. Wie viel aber am Ende bei den Personen übrig bleibt, die die Spiele entwickelt haben, und welche Rolle Vertrieb/Publisher spielen, ist meist nur schwer zu durchschauen. Steam, GOG und vergleichbare Plattformen haben aber dazu geführt, dass mittlerweile auch ältere Titel noch erhältlich sind. Sie haben ferner begonnen, Verkaufsplattformen mit Elementen Sozialer Medien zu verbinden. Spieler können sich über die Plattformen vernetzen, austauschen und eigene Profile und Erfolge veröffentlichen.

Die größte Auswahl an Spielen findet sich aber nicht auf Plattformen wie Steam, sondern mittlerweile bei den großen Smartphone-Plattformen: dem Apple-Store oder in Googles Play Store. Zigtausende Spiele sind hier verfügbar. Den Überblick zu behalten ist kaum möglich. Einige Titel, wie der Shooter *PUBG Mobile* (2017) sind über 500 Mio. mal heruntergeladen. Darunter sind auch einige Titel bekannter Anbieter oder Marken – wie z. B. von Square Enix, der Publisher der *Final Fantasy* Reihe, oder von Beamdog, dem Studio, das bekannte Rollenspielklassiker wie die *Baldur's Gate* Reihe (ab 1998) auch für Smartphones aufbereitet hat. Unter den Top 10 des Playstore finden sich aktuell Computervarianten von Brett- und Kartenspielen wie *Monopoly* und *Skip-Bo*, aber auch die Spieleplattform *Roblox,* die in Kap. 4 noch näher beschrieben wird. Den Großteil der Spiele machen Titel aus, die kaum bekannt sind. Die meisten dieser Smartphone-Games sind kostenlos. Geld wird mit Zusatzinhalten verdient. Im Marketing-Jargon wird so etwas als *Free-To-Play* und *Fremium* bezeichnet, wobei Letzteres bedeutet, dass die einfache Nutzung kostenlos (free) ist, aber für Erweiterung (Premium-Content) Geld gezahlt werden muss, zum Beispiel ein paar Cent, um einen bestimmten Gegenstand gleich und nicht erst in ein paar Tagen zu erhalten. Smartphone-Games haben einen neuen Spielemarkt und vor allem neue Zielgruppen etabliert. Meist handelt es sich um sogenannte Casual Games: einfache Spielprinzipien, ohne opulente Grafik, dafür aber mit einer hohen Langzeitmotivation. In *Candy Crush Saga* (ab 2012), einem der wirtschaftlich erfolgreichsten Spiele, geht es letztlich nur darum, auf dem Bildschirm verschiedene Süßigkeiten in eine Reihe zu bringen und so Punkte zu sammeln. In *Plants vs. Zombies* (2009) pflanzt man in einem virtuellen Garten Pflanzen, die dank unterschiedlicher Fähigkeiten immer größer werdende Herden an Zombies ausschalten. *Angry Birds* (ab 2009) hat es als mobiles Game geschafft, ein ganzes neues Markenimperium zu kreieren. In diesem Spiel schleudert man mit einer Art Zwille Vögel auf Schweine. Vor *Super Mario* war *Angry Birds* eine der erfolgreichen Computerspielverfilmungen der letzten Jahre. Weltmeister Bastian Schweinsteiger wiederum war 2016 im deutschen Fernsehen vermutlich mehr als Werbefigur für das mobile Strategiespiel *Clash of Kings* (2014) präsent als auf dem Fußballplatz. Mobile Games sind kurz, einfach, sie können immer wieder gespielt werden, meist kostenlos und dann in einer Premium-Version (ohne Werbung) kostenpflichtig. Sie lassen sich einfach herunterladen und sie haben dazu geführt, dass immer mehr Menschen Computerspieler werden. Mit *Pokémon Go (2016)* haben sie es ferner geschafft, die Grenzen zwischen Realität und Virtualität verschwimmen zu lassen.

Computerspiele verstecken sich also an immer mehr Orten, an denen man sie gar nicht vermutet, und werden dementsprechend von immer mehr Menschen genutzt. Diese Menschen müssen sich selbst gar nicht als Spieler sehen. Die Nutzungsformen von Computerspielen sind ausgesprochen vielfältig geworden. Eine letzte Form, die diese Durchdringung der Gesellschaft veranschaulicht, sei hier noch aufgeführt: das Konzept der „Gamification". Unter diesem Begriff versteht man, vereinfacht gesagt, dass spielerische Elemente in (Alltags-)Handlungen eingebunden werden. Beispielsweise zeigt ein Recycling-Container für Flaschen einen Highscore an, den man knacken kann.

Durch das Smartphone sind Spiele nun vollkommen im Alltag der Menschen angekommen. Wie sich durch das Smartphone das Computerspiel und vor allem das Spielen insgesamt verändert hat, zeigt ein eigenes Kapitel in diesem Buch auf (Kap. 4). Hier wird dann anhand dreier Beispiele aufgezeigt, wie das Spielen über Plattformen hinweg stattfindet, wie neue Anreize für Spieler geschaffen werden und wie neue Geschäftsmodelle entstanden sind.

Die erste Auflage dieses Bands endete an dieser Stelle mit einem Ausblick auf den Trend der Virtual Reality-Spiele. Schon 2015 war es mit leistungsfähigen Smartphones, einem Papp-Karton, ein paar Plastiklinsen sowie einem Magneten, den Zutaten der *Google Cardboard*, möglich, steuerbare virtuelle Welten in stereoskopischem 3-D zu erzeugen. Hier sieht man die Umgebung nicht mehr auf einem flachen Bildschirm, sondern die Technik simuliert, dass man sich selbst in der virtuellen Welt befindet. Man spricht von Immersion, d. h. man ist eins mit der computergenerierten Welt. Bestanden solche Anwendungen schon in den frühen 1990er-Jahren, sind sie seit 2015 für den Massenmarkt erhältlich.

Dem Holo-Deck, bekannt aus der Science-Fiction-Serie *Star Trek – The Next Generation*, in dem sich Menschen frei in einer realistisch anmutenden virtuellen Welt bewegen können, ist man mit solchen Anwendungen einen Schritt nähergekommen. Trotz einiger bemerkenswerter Titel und Anwendungen hat sich aber in den letzten Jahren das Spielen in der virtuellen Realität nur punktuell weiterentwickelt und ist immer noch nicht im Massenmarkt angekommen. Die Probleme – Schwindel und Übelkeit bei der Steuerung, hohe Hardwareanforderungen und Kosten sowie fehlende Spielkonzepte – sind weiterhin noch nicht gelöst.

4

Hexer, Glücksspiele und das Smartphone – aktuelle Entwicklungen bei Computerspielen

Die Entwicklungen der Computerspiele in den letzten Jahren sind sehr komplex. Anhand dreier Beispiele werden einige typische Veränderungen der Branche herausgestellt, und es wird die Grundlage für ein Verständnis aktueller Debatten über Computerspiele gelegt.

Einen Überblick über die Entwicklungen der Computerspiele in den letzten Jahren zu behalten, ist kaum noch möglich: Neue Spiele entstehen, neue Spielformen, neue Geschäftsmodelle, neue Spielmodi und vieles mehr. Manches davon bleibt, manches verschwindet wieder, nur um dann in veränderter Form wieder neu aufzutauchen. Kurz gesagt, Computerspiele sind mal wieder im Wandel. Anstatt also zu versuchen, möglichst viele dieser Entwicklungen abstrakt nachzuzeichnen, geschieht dies hier plastisch anhand dreier Beispiele – den Spielen *Gwent: The Witcher Card Game* (2018), *Roblox* (2006) sowie *Fortnite* (2017). Alle drei Spiele stehen stellvertretend für zentrale Entwicklungen der letzten Jahre – und die Auswahl begründet sich einerseits durch die Wichtigkeit der Spiele, aber auch durch eigene Erfahrungen.

Fallbeispiel 1: Gwent: The Witcher Card Game

Obwohl teilweise bis zu 50 Mio. Nutzer *Gwent* spielen, handelt es sich bei diesem Spiel keineswegs um einen ähnlichen Blockbuster wie etwa *Minecraft* (2009) oder *Fortnite*. *Gwent* ist ein eher „kleines", weniger bekanntes Spiel. Erschienen Ende 2018, lief die Unterstützung für das Spiel im Oktober 2023 mit einem letzten Update aus, d. h. es wird vom Anbieter (CD Projects) keine Erneuerung und Anpassung mehr geben. CD Projects wiederum ist der Anbieter, der für die oben beschriebene Vertriebsplattform GOG verantwortlich ist.

Gwent wurde somit der Community übergeben. Dies bedeutet, dass Nutzer mit Programmierkenntnissen das Spiel nun eigenständig gestalten und umprogrammieren können. Bereits dies ist eine Entwicklung, die stellvertretend für viele Angebote steht: Computerspiele werden von den Nutzern selbst weiterentwickelt, woraus teilweise neue spannende Spielprojekte entstehen oder eine kleiner gewordene Gruppe von Fans ihr Spiel länger nutzen kann, als es wirtschaftlich tragfähig ist. Dies zeigt aber auch: Computerspiele sind nicht mehr fertig, wenn sie veröffentlicht werden, sondern müssen konstant weiterentwickelt werden. Fehler, sog. Bugs, müssen beseitigt werden und neue Inhalte, teilweise auch ganze Spielmodi werden nachgereicht, damit ein Spiel lange genutzt werden kann und nicht an Attraktivität verliert.

Gwent ist ein „Free-To-Play" Online-Sammelkartenspiel und steht damit exemplarisch für eine ganze Reihe vergleichbarer Spiele. Die Nutzung des Spiels kostet zunächst nichts. Die eigene Erfahrung zeigt: Es ist möglich, monatelang *Gwent* zu spielen, ohne einen einzigen Cent dafür auszugeben. Dabei macht das Spiel auch weiterhin noch Spaß. Es ist die Herausforderung aller Free-To-Play-Spiele, ein Erlebnis zu schaffen, das zwei Dinge gleichzeitig erreicht: (1) möglichst viele Spieler zu motivieren, auch ohne Geld weiter am Ball zu bleiben, und (2) genug Anreize zu schaffen, dass einige wenige Nutzer möglichst viel Geld ausgeben. Gelingt ein Fortschritt im Spiel nur noch mit Geld, springen viele ab, und das Spiel wird unattraktiv. Gibt es nichts, wofür es sich lohnt Geld auszugeben, wird der Anbieter das Spiel einstellen.

Gwent ist ein Sammelkartenspiel, und auch dies ist typisch für aktuelle online-basierte Spiele. Auf dem Smartphone angeboten, haben sie zu neuen Genres geführt oder alte Genres wiederbelebt. Es gibt Puzzle-Spiele wie das erfolgreich *Candy Crush Saga* (ab 2012), unzählige Wimmelbildspiele, bei denen es gilt, Gegenstände in einem verworrenen Bild zu finden, und vieles mehr. Viele Genres finden sich online auf dem PC, aber auch auf dem Smartphone: Bei Tower-Defence,-Spielen wie *Bloons TD 6* (2018) verteidigt sich der Gamer mit festen Gebäuden gegen anrückende Gegner. Eines der erfolgreichsten Genres der letzten Jahre sind die sogenannten MOBA (Multiplayer Online Battle Arena)-Spiele. Bekannt geworden ist das Genre durch das auf *Warcraft III* (2002), einem Echtzeitstrategie-Spiel, basierendem *Defense of the Ancients* (DotA) (ab 2003), das in einer Abwandlung nun auch auf dem Smartphone verfügbar ist. Bei MOBA-Spielen treten zwei Teams online in einer Art Arena gegeneinander an. Der Aufbau gleicht Strategiespielen, verzichtet aber auf langwieriges Aufbauen von Basen und Ressourcensammeln. Anstatt einer Armee werden einzelne Heldenfiguren in den Kampf geschickt.

Sammelkartenspiele wie *Gwent* wiederum basieren auf einem Genre, das vor allem im klassischen Spielebereich verbreitet ist. *Pokémon*, *Yu-Gi-Oh* oder auch *Magic: The Gathering* sind alle sogenannte Trading Card Games, zu deutsch: Sammelkartenspiele. Diese werden mit physischen Karten gespielt, die man kaufen, tauschen und sammeln kann. Das

Prinzip ist immer ähnlich: Man benötigt ein „Deck" aus einer bestimmten Anzahl an Karten und ein oder mehrere menschliche Gegner. Man legt die Karten nach bestimmten Regeln ab und sammelt so Punkte oder besiegt andere Karten. Dabei verändern sich die Eigenschaften der Karten, je nachdem wie sie mit anderen Karten kombiniert werden. Manche besonders mächtige Karten sind dabei sehr selten, andere kommen sehr häufig vor. Manche Kartenkombination erfordern viel strategisches Denken, damit aus drei, vier scheinbar nutzlosen Karten ein besonders mächtiges Team wird.

MOBA und Sammelkartenspiele als Computerspiele haben gemeinsam, dass sie gegeneinander gespielt werden. Zwar gibt es Varianten, bei denen ein Gegner durch die künstliche Intelligenz eines Computers ersetzt wird; entscheidend für die Unterhaltung beim Spiel ist es jedoch, dass man gegen „richtige" Menschen online vernetzt spielt.

Sammelkartenspiele machen sich ferner die Sammelleidenschaft von Menschen zu Nutze und begeistern durch immer neue Erweiterungen. Auch wenn das Genre vor allem in der physischen Welt erfolgreich ist, so hat es auch einige Vorteil für die Entwicklung von Computerspielen: Die Spiele sind grafisch relativ anspruchslos. Theoretisch funktionieren sie ohne aufwendige 3D-Animationen und sind somit auch auf leistungsschwacher Hardware spielbar und auf unterschiedliche Plattformen übertragbar. *Gwent* oder das vergleichbare und wieder auf der Spielwelt von *Warcraft* basierende *Hearthstone: Heroes of Warcraft* (2014) verzichten zwar nicht auf solche anspruchsvolleren Darstellungen, diese sind aber viel eingeschränkter als bei anderen Genres wie z. B. Shooter oder Rennsimulation.

Gwent kann man auf dem PC, dem Smartphone (Apple, Android), dem Tablet und bis 2020 auch auf den Konsolen von Microsoft und Sony installieren. Es ist ein sogenannter Cross-platform-Titel, ein Spiel, das über die Grenzen von technischen Plattformen gemeinsam gespielt werden kann. Hat man sich online registriert, kann man mit seinem Account auf jedem Gerät spielen und auch direkt vom PC auf das Smartphone wechseln, um z. B. in Bus und Bahn weiterzuspielen. Man weiß nicht, ob man gegen jemanden auf dem Smartphone oder PC antritt. Das Spiel benötigt nur eine stabile Internetverbindung. Die Herausforderung besteht derzeit noch darin, dass unterschiedliche Eingabemöglichkeiten – Touchscreen, Maus, Controller – unterschiedliche Vor- und Nachteile bei der Bedienung haben. Derzeit wird daran gearbeitet, solche Vor- und Nachteile z. B. bei Sport- oder Shooterspielen durch künstliche Intelligenz auszugleichen. Bei einfachen Genres wie Sammelkartenspielen, bei denen es nicht auf Zeit oder Geschicklichkeit ankommt, ist eine solche plattformübergreifende Spielweise noch einfacher zu realisieren.

Damit ein Spiel zu Hause, aber auch unterwegs gespielt werden kann, muss es weitere Kriterien erfüllen: Es sollte recht schnell zu spielen sein. *Gwent* wird in Runden gespielt. Wer zwei Runden gewonnen hat, ist Sieger. Bei maximal drei Spielrunden dauert ein Spiel 10–15 min. Das ist deutlich länger als manche Spielrunde in Casual Games, aber kurz genug, um auf dem Weg zur Arbeit, in einer Mittagspause oder vorm Schlafengehen zu spielen. Wer mehr Zeit hat, spielt dann einfach nicht nur ein Match, sondern vier, fünf oder auch mal zehn am Stück. *Gwent* unterscheidet sich damit wenig von anderen Spielen, die mobil genutzt werden und alle auf kurze, abgrenzbare Spielrunden oder Level zurückgreifen.

Solche einfachen Prinzipien sind inzwischen weit verbreitet. Wenn aber immer mehr Spiele mit ähnlichen Mechaniken erscheinen, was macht dann ein Spiel wie *Gwent* einzigartig? *Gwent* basiert auf einer bestimmten Spielwelt. Dies ist ein weiterer Trend, den wir schon seit Jahren beobachten: Es erscheinen Spiele zu bestimmten Spiel- und Medienwelten.

Diese bestehen dann nicht aus einem Spiel, sondern mehreren Titeln. Einige solcher Spielwelten basieren auf etablierten Medienmarken, die aus anderen Bereichen bekannt sind: *Star Wars*, *Herr der Ringe* oder *Harry Potter* und noch viele mehr. Andere basieren auf anderen Computerspielen wie z. B. der Figurenwelt der Mario Brothers bei Nintendo. Gerade Spiele für Smartphones in den Stores von Google und Apple, die nicht auf eine bestimmte Medienwelt zurückgreifen können, kopieren solche Strategien auch. So suggeriert ein Superhelden-Spiel mit dem Begriff Avenger im Titel, es gehöre zu Marvels Markenwelt der *Avenger*. Erscheint ein erfolgreicher Zombie-Film wie *World War Z*, erscheinen auch vermehrt Titel mit Zombies oder Z im Titel. Bei *Gwent* handelt es sich um die Spielewelt von *The Witcher*.

The Witcher beruht auf den Fantasy-Romanen des polnischen Autoren Andrzej Sapkowski. Auch wenn Fantasy-Fans diese Aussage lautstark kritisieren werden: Die Romane lassen sich ein wenig mit der sehr erfolgreichen *Game of Thrones*-Reihe vergleichen. Es geht um mittelalterlich angehauchte Reiche und deren Politik. Drachen kommen in beiden Reihen vor, doch Magie und fantastische Figuren spielen bei den Witcher-Romanen eine größere Rolle. Es gibt ferner eine zentrale Hauptfigur, den Witcher (zu deutsch: Hexer) Geralt von Riva, um den herum eine Vielzahl weiterer Haupt- und Nebenfiguren eingebaut werden. Die Witcher-Reihe ist durchaus humorvoll und baut gerne mittel- und osteuropäische Märchen-Figuren in die Fantasy-Welt ein. Im Jahre 2007 erschien das erste Computerspiel als klassisches PC-Rollenspiel, der letzte Teil kam 2015 mit *The Witcher: Wild Hunt* heraus, nun auf PC, Xbox One, Playstation 4 und Nintendo Switch. Seit dieser Zeit sind mehrere weitere Spiele entstanden, u. a. *Thronebraker: The Witcher Tales* (2018), ein kartenbasiertes Rollenspiel, und eben *Gwent*. Seit 2019 läuft auch eine recht erfolgreiche Serie zur Reihe auf Netflix.

4 Hexer, Glücksspiele und das Smartphone ...

Gwent ist vom Ursprung her ein Kartenspiel, das die Figuren aus den Romanen oder Computerspielen spielen. In *The Witcher: Wild Hunt* ist *Gwent* ein sog. Mini-Game, ein Spiel im Spiel. Daraus ist nun ein eigenständiges Computerspiel entstanden. Die Karten sind nach den wichtigsten Reichen oder Fraktionen aufgeteilt. Sie zeigen Figuren aus der Spielewelt: den Hexer Geralt von Riva, seine Liebe Yennefer von Vengerburg, die Ziehtochter Ciri aber auch die Könige Foltest oder Radovid, einfache Elfen und Zwerge und mehr oder weniger bekannte Monster mit Namen wie Kikimora, Ghul oder Griffon.

Das Spiel ist damit auch so etwas wie ein Sammelalbum. Doch nicht Fußballstars können gesammelt werden, sondern die Figuren der *The Witcher*-Welt. Die enge Verbindung mit einer bestimmten Spielwelt dient also dazu, die Attraktivität für Fans herauszustellen und gleichzeitig neues Interesse an den anderen Inhalten der Reihe zu schaffen. Die Verknüpfung mit der Spielwelt führt aber zu einer weiteren Besonderheit, die solche Spiele länger attraktiv halten.

Gwent wird konstant weiterentwickelt und orientiert sich in Echtzeit an der Lebenswelt der fiktiven Figuren. Regelmäßig finden besondere Spielevents statt – Feiern zu Weihnachten, zum Valentinstag oder auch zum fiktiven Geburtstag wichtiger Spielfiguren. Es erscheinen auch immer neue Karten und Figuren. Meist drei Mal pro Jahr werden neue sogenannte Pakete herausgebracht. 2023 allein sollen 72 neue Karten erschienen sein. Dies dient dazu, dass die Sammelleidenschaft nie vollkommen gestillt werden kann. Hat man einmal alle Karten erspielt oder erworben, dauert es nicht lange und neue Karten erscheinen. Diese neuen Karten führen aber auch dazu, dass die Spielherausforderung erneuert wird. Hat man einmal sein Lieblingsdeck zusammengestellt – eine nach bestimmten Regeln zusammengestellte Auswahl von 25 Karten –, dauert es meist nur bis zum nächsten Update, bis dieses Deck erneuert werden muss. Neue Karten verändern das „Balancing". Damit gemeint sind die Stärken und Schwächen der einzelnen Karten und der damit verbundenen Decks. Das dahinterliegende Prinzip ist jedem Kind bekannt: Stein-Papier-Schere. Nur gibt es hier nicht drei Figuren, sondern hunderte, die sich beliebig miteinander kombinieren lassen, und alle drei Monate erscheinen neue. Ein solcher Spielmechanismus dient dazu, dass Spieler lange an ihr Spiel gebunden werden und immer neue Herausforderungen entstehen.

Warum es wichtig ist, Spieler möglichst lange an ein Spiel zu binden, wird klar, wenn man sich den nächsten Trend anschaut, den *Gwent* gut verdeutlicht: neue Geschäftsmodelle in Computerspielen. Früher kauften Gamer ein Spiel, hatten Spaß damit, und wenn Sie es „durchgespielt" hatten, kauften sie ein neues. Selbst bei den ersten drei *The Witcher*-Spielen galt dieses Prinzip noch. Auch Titel auf Konsolen bauen grundsätzlich noch auf diesem Prinzip auf. Neue mobile und online-basierte Spiele funktionieren jedoch anders. Die Nutzung von *Gwent* ist wie bei vielen Online- oder Smartphone-Spielen kostenlos. Selbst das wirtschaftlich extrem erfolgreiche *Fortnite* kann kostenlos gespielt werden (siehe unten). Online-Spiele wie *World of Warcraft* (ab 2005) haben angefangen, sich über Abo-Gebühren zu finanzieren, aber auch das gibt es bei *Gwent* nicht. Dennoch ist es möglich, mehrere Hundert Euro für das Spiel auszugeben. Grundlage hierfür sind sogenannte In-Game-Käufe, also die Möglichkeit, Gegenstände innerhalb des Spiels zu kaufen. Um zu verstehen, warum es attraktiv ist, dies zu tun, müssen vorher noch zwei Dinge näher betrachtet werden: (1) Wie der Spielerfolg im Spiel gestaltet ist und (2) welche kostenpflichtigen Angebote es überhaupt gibt.

Das zentrale Prinzip des Spieldesigns lautet „Easy to learn, hard to master". Ein erfolgreiches Spiel sollte leicht zu erlernen sein, aber lange fesseln, um wirklich gut darin zu werden. Computerspiele sind hier wie Sport: Fußballspielen ist nicht schwer, aber um richtig gut zu werden, muss man viel trainieren, und es gibt immer neue Herausforderungen. Bei vielen Computerspielen ist der Erfolg meist direkt messbar, entweder durch High Scores, Ranglisten oder Level im Spiel. *Gwent* nutzt alle diese Möglichkeiten. Es gibt eine internationale Rangliste im Spiel mit den erfolgreichsten Spielern – und der eigenen Einordnung in diese Liste. Innerhalb des Spiels gibt es verschiedene Ränge und Level. Ränge bestimmen, wie gut man spielt und vor allem wie gut die Gegner sind, die man zugelost bekommt. Ein Spieler startet mit Rang 30, und für eine bestimmte Anzahl an hintereinander gewonnenen Spielen steigt man auf – bis in Rang 1. Gegner haben immer den gleichen Rang oder unterscheiden sich um maximal einen Rang. Ferner erhält man mit jedem Spiel Erfahrungspunkte, die dafür sorgen, dass man Level aufsteigt. Nach jeweils 60 Level erhält man einen Bonus – mehr Ressourcen, Karten etc.

Wissenschaftliche Studien haben dies am Beispiel *World of Warcraft* bereits aufgezeigt: Anstiege und Belohnungen in Spielen verlaufen nicht linear, sondern eher exponentiell. Das bedeutet: Der Aufstieg von Level 1 zu Level 2 ist deutlich kürzer als der Aufstieg von Level 29 auf 30 – gerade am Ende verlangsamt sich das Tempo des Anstiegs deutlich. So kann es im Extremfall dazu kommen, dass es genauso lange dauert, von Level 59 auf 60 zu kommen, wie von Level 1 auf 59. Bei *Gwent* gilt dies in doppelter Hinsicht: Schnell steigt man sowohl Level wie Rang auf, erhält bessere Boni und spielt gegen bessere Gegner. Irgendwann geschieht der Levelaufstieg aber nur noch langsam, da man immer mehr Punkte braucht, um aufzusteigen. Gleichzeitig sind die Gegner dann genauso gut wie man selbst, und Siege und Niederlagen halten sich die Waage. Am Ende des Monats findet eine Abrechnung statt – die Level behält man. Je nachdem, wie weit man gekommen ist, verliert man aber wieder Ränge. Man muss also weiterspielen, um wieder neue Fortschritte zu machen und gegen die Personen zu spielen, die so gut sind wie man selbst. So investiert man schnell mehrere Wochen in ein Spiel.

In dieser Zeit hat man dann auch alle die kostenpflichtigen Zusatzangebote entdeckt, die das Spiel zu bieten hat. Nahezu alle Free-To-Play-Spiele verfügen über irgendein Shop-System. Dort gibt es dann eine Art Währung meist in Form von (Spiel-)Geld, Gold, Kristallen, Steinen oder fantastisch angehauchten Substanzen wie Meteoren-Staub. In Strategiespielen können solche oftmals als Ressourcen bezeichneten Spielelemente genutzt werden, um sich Vorteile zu erkaufen. Bei Spielen wie *Candy Crush* kann man sich „Power Ups" kaufen, die das Spiel beschleunigen oder auch Extra-Leben geben. *Gwent* hat ein komplexes Wirtschaftssystem in das Kartenspiel eingebaut. Es gibt hier nicht eine Spielwährung, sondern mindestens vier: Schlüssel, Erz, Meteoritenstaub und Stoff (Scraps) sowie einige Sonderwährungen, die nur für wenige Tage im Jahr gültig sind. Alles ist dabei eingebunden in die Spielmechanik. Für Siege im Spiel erhält man einen kleinen Betrag Erz oder Stoff, für das erfolgreiche Absolvieren von Aufgaben Schlüssel. Aufgaben sind z. B. „Spiele 10 Karten einer bestimmten Fraktion", „Gewinne 10 Spiele" oder „Spiele fünfmal eine Karte, die einen Bonus gibt". Schlüssel können auf einem Spielbrett eingesetzt werden, um andere Ressourcen, aber auch kleine Geschichten freizuschalten. Man erfährt also etwas über die Geschichte einer Spielpartei und bekommt gleichzeitig noch 50 Erz – oder auch 500 Erz, wenn man genug Schlüssel einsetzt. Die Details mögen verwirren, aber das ist vermutlich auch ein wenig die Intention dahinter. Es geht darum, viele Wege zu eröffnen und neue Möglichkeiten, aber auch Hürden einzubauen. Mal hat man genug Schlüssel, um eine Belohnung zu erhalten, mal fehlt der Meteoriten-Staub, um die Wunschkarte zu bekommen. Denn diese In-Game-Währung, die man sich erspielen kann, wird vor allem für zwei Dinge genutzt: Spielgegenstände und neue Karten. Beides wiederum kann sowohl mit In-Game-Währung gekauft werden oder eben mit echtem Geld.

Spielgegenstände kommen mittlerweile in vielen Spielen vor, und Facebook-Gründer Mark Zuckerberg sieht sie als einen vielversprechenden Markt seines neuen Metaverse. Nicht nur ich als Mensch trage schwarze Turnschuhe einer bestimmten Marke, sondern auch mein virtueller Stellvertreter, mein Avatar. Diese virtuellen Turnschuhe muss ich jedoch mit realem Geld erwerben. Kostüme oder „Skins" bzw. Accessoires für Spielfiguren sind ein neuer Markt. Obwohl es in *Gwent* keine Spielfiguren gibt, kann man vergleichbare Avatare kaufen, und zwar als kleine Spielfiguren, die am Rand des Spielfelds stehen und das Legen der Karten mit Kommentaren begleiten. Dies sind besonders bekannte Figuren aus der *The Witcher*-Reihe, die mit neuem Aussehen, Bewegungen oder Gegenständen ausgestattet werden können. Sie haben keinerlei Einfluss auf das Spiel. Es handelt sich um reine Deko-Elemente. Manche können im Spiel „freigespielt" werden, manche können gegen Meteoriten-Staub, den man entweder kauft oder erspielt, eingetauscht werden, und andere sind nur erhältlich, wenn man sie für reales Geld kauft. Gleiches gilt für die Hintergründe der Karten und das Spielbrett. Jeden Monat erscheinen neue Hintergründe für die eigenen Karten, und neben einem Standardspielbrett gibt es winterliche Motive, ein altes Schlachtfeld, eine Kneipe und vieles mehr. Da jedes Mal ausgelost wird, wessen Spielbrett genutzt wird, sieht man als Spieler all diese Dinge, was wiederum das Bedürfnis weckt, sie auch selbst zu besitzen. Prinzipiell besteht keine Motivation oder Notwendigkeit, in diese Dinge zu investieren – einfach gestaltete Karten mit grünem Deckblatt (die Anfänger-Karten) sind genauso gut wie exklusiv dekorierte Karten mit Goldmuster. Letztere sind einfach nur schöner anzuschauen, und für einige Spieler reicht dies schon, um

Geld zu investieren. Für andere ist es auch ein Zeichen, sich abzugrenzen: Seht her, ich bin kein normaler Spieler, ich habe entweder sehr viel Zeit oder Geld investiert, um dieses besondere Deckblatt zu bekommen.

Items, Avatare, Hintergründe und ähnliche Gestaltungselemente sind eine Möglichkeit, Geld auszugeben. Viel wichtiger aber sind die Karten. Hier kommen wir nun zu einem entscheidenden Unterschied bei der Art von kaufbaren Gegenstände: Es gibt reine Deko-Elemente. Sie sind für den Spielfortschritt irrelevant. Anders die Spielgegenstände, die Fortschritte im Spiel bringen. Bei *Gwent* sind dies die Karten. Mittlerweile liegen weit über 1000 verschiedene Karten vor, die man besitzen kann und aus denen man dann sein Deck zusammenstellen kann. Einige erhält man als Starter-Set, die anderen muss man sich erspielen und über die Spielwährung erkaufen. Dieser Prozess ist jedoch mühsam. Denkt man an den oben beschrieben Spielfortschritt, geht es zunächst schnell, einige neue Karten zu erhalten, dann aber dauert es immer länger. Zusätzlich erscheinen in regelmäßigen Abständen neue Karten.

Der Fortschritt wird aber noch dadurch erschwert, dass die Karten unterschiedliche Wertigkeiten haben und auch unterschiedlich selten sind. Die Karten eines einfach Elfen-Soldaten erhält man recht schnell, für eine Königin muss man lange sammeln und Ressourcen tauschen. Getauscht werden müssen sie am Ende in sogenannte Fässer.

Was nun wie ein kleines Problem eines beliebigen Online-Kartenspiels klingt, ist vielleicht eine der größten Herausforderungen der Spielbranche: das Problem der „Loot-Boxen" (siehe Kap. 5). An dieser Stelle sei dies am Beispiel von *Gwent* kurz vorgestellt. Es gibt zwei Möglichkeiten, Karten im Spiel zu erwerben. Entweder ich kaufe ein ganzes Paket. Das kostet zwischen zehn und fünfzig Euro, je nach Größe, und ist somit in etwa so teuer, als würde man früher ein Spiel komplett kaufen. Oder aber ich kaufe mir Fässer, die Loot-Boxen in *Gwent*. Die können auch erspielt werden. Ein Fass enthält fünf Karten. Diese Karten sind zufällig verteilt. Ich kann also einen Elfen-Soldaten bekommen, ein häufiges Monster oder aber die sehr seltene Karte eines Königs der nördlichen Reiche – oder gar Geralt von Riva. Die beiden letzteren Karten sind sehr selten, die ersten sehr häufig. Karten sind nach ihrer Seltenheit eingeteilt. Kaufe ich ein Fass, weiß ich nur, dass ich fünf beliebige Karten bekomme, von denen eine mindestens selten ist, was der zweiten Stufe im Grad der Seltenheit entspricht. Habe ich aber bereits Level 120 erreicht, sind es mindestens zwei solcher Karten. Dieser Zusatz ist wichtig, denn es bedeutet, dass gutes und vor allem häufiges Spielen meine Chance erhöht, bessere Karten zu bekommen, egal ob ich sie kaufe oder erspiele. Kap. 5 wird aufzeigen, dass hiermit Glücksspielmechanismen in beliebte Spiele Einzug erhalten.

Was machen solche Käufe aber mit dem Spiel? Zum einen ist alles so ausgelegt, dass lange gespielt werden soll. Immer wieder wird neuer Inhalt erstellt, der am Spiel nicht viel ändert, aber mir die Möglichkeit gibt, auch ohne Geld mein Spielerleben zu personalisieren, mich an das Spiel zu binden. Ich kann mir eine Weihnachtsmann-Mütze für meinen Avatar erspielen und jedem zeigen, dass ich das Spiel schon lange spiele und auch kein Problem hatte, die einmaligen Aufgaben der Winter-2021-Herausforderung zu bestehen. Wenn zwei Jahre später dann noch das passende Glöckchen für 99 Cent im Shop zu haben ist, dann kaufe ich das vielleicht gerne schnell dazu. Irgendwann ist jedoch der Punkt erreicht, an dem ich im Spiel nicht mehr weiterkomme. Dann überlege ich, ob es nicht an der Zeit wäre, einmal zehn oder zwanzig Euro zu investieren, um die neuen Karten, mit denen mein Gegner mich besiegt hat, gleich zu bekommen, anstatt sie mir erst mühsam zu erspielen. Bei den Stunden, die ich schon gespielt habe, sind zwanzig Euro ja auch nicht viel. Ein anderer

Spieler will gleich schnell vorankommen und nicht erst alles selbst ausprobieren. Der Kauf eines aktuellen Kartenpakets löst das Problem.

Free-To-Play-Spiele müssen immer eine gute Balance finden zwischen dem Spielerleben von zahlenden und nicht zahlenden Spielern. Die Spiele finanzieren sich dann darüber, dass es unzählige Möglichkeiten gibt, kleinere und größere Beträge auszugeben. Es geht darum, möglichst oft und auf unterschiedliche Art die Zahlungsbereitschaft auszunutzen: Viele zahlen gar nichts, ein paar investieren wenige Euros, und ein ganz kleiner Teil zahlt sehr viel Geld. Manche wollen schöne Kostüme und exklusiv gestaltete Decks, andere wollen ein bestimmtes Spielelement, andere benötigen just eine Karte, um eine neue Strategie auszuprobieren, und der Zufall ist gegen sie. Wieder andere wollen sich einfach nicht um die komplexen Mechaniken der Spielressourcen kümmern und kaufen lieber.

Das Beispiel *Gwent* sollte auch aufzeigen, wie In-Game-Käufe und Spielmechanik miteinander verbunden sind und warum es auch aus ökonomischer Sicht sinnvoll ist, Spieler möglichst lange an ein Spiel zu binden, weil das die Wahrscheinlichkeit erhöht, dass diese irgendwann Geld für ein vermeintlich kostenloses Spiel ausgeben.

Solche ökonomischen Überlegungen spielen auch im zweiten Beispiel eine Rolle. Hinzu kommt hier aber noch ein weiterer Trend, der sich bei vielen und vor allem den erfolgreichsten Spielen der letzten Jahren findet: das Einbinden der eigenen Kreativität in die Entwicklung des Spiels.

Fallbeispiel 2: Roblox

Max de Baey-Ernsten

Das Einbinden der Kreativität der Spieler in die Entwicklung von Computerspielen hat eine lange Tradition in der Gaming-Kultur. Das Erstellen eigener Inhalte anhand von digita-

4 Hexer, Glücksspiele und das Smartphone ...

len Baukästen oder auf der Grundlage eines bestehenden Codes war in der Community weit verbreitet. Lizenzgebühren, Urheberrechte und die Angst vor Raubkopien kamen erst mit steigender Komplexität der Computerspiele auf. Die 90er-Jahre gelten noch immer als glorreiche Zeit des „Modding", also der Erweiterungen oder inhaltlichen Veränderungen von Spielen durch die Community. Da selbst generierte Inhalte die Lebenszeit der Spiele erhöhten, wurde das Modding von Spieleentwicklern meist gefördert oder geduldet. Im Laufe der 2000er-Jahre fand dann vermehrt eine Einbindung der Modding-Szene in ökonomische Strukturen statt. Ein erstes Beispiel dafür ist die Etablierung von Plattformen wie Steam im Jahr 2003 von der Firma Valve, die neben dem Vertrieb von Spielen im Laufe der Jahre auch verschiedene Modelle der Wertschöpfungen von nutzergenerierten Inhalten etablierte.

Doch neben dem Modding, das dem Game-Design recht nahekommt, oder dem Erstellen von „Skins", einer Art Kostümierung von Spielfiguren, sind auch jegliche Interaktionen in Online-Spielen als nutzergenerierte Inhalte zu verstehen. Von Spielern erstellte Decks in *Gwent* oder der Handel von Gegenständen sowie das Gründen von Gilden in Spielen wie *World of Warcraft* sind Beispiele. In der Strategiespiele-Reihe *Age of Empires* (ab 1997) können komplexe Kampagnen in einem Szenario-Editor erstellt und in *Trackmania* (ab 2003) eigene Level gestaltet werden. Je nach Spiel bestehen dabei unterschiedliche Gestaltungsspielräume. Im Editorenspiel *Minecraft* (2009), einem der erfolgreichsten Spiele der Welt, geht es vor allem um die kreative Einbindung. Das Gestalten und Teilen von Inhalten in der Community ist Kerngegenstand des Spiels, um die ein nutzergeneriertes Ökosystem an Inhalten entstanden ist.

Die Online-Spiele-Plattform *Roblox* ist ein Spieleuniversum mit fast sechs Millionen aktiven nutzergenerierten „Experiences" – so heißen die virtuellen Welten bei Roblox. Meist sind es Spiele, teilweise aber virtuelle Welten, deren

Schwerpunkt auf dem sozialen Austausch oder dem gemeinsamen Lernen liegt. Auch historische Orte oder Sehenswürdigkeiten sind als Experiences nachgebildet. Die Grafik ist meistens recht einfach gehalten, und die Qualität der Experiences reicht von komplexen Rollenspielen mit umfangreichen Fähigkeitensystemen und riesigen Maps über mehr oder weniger gute Nachahmungen aller erdenklichen Spielgenres bis hin zu vielen einfach gehaltenen Experiences. Auch die Accessoires, mit denen die Avatare gestaltet und personalisiert werden können, sind zum großen Teil nutzergeneriert.

Mit knapp 70 Mio. täglich aktiven Spielern und 3,2 Mio. aktiven „Creatoren" im März 2023 ist Roblox mittlerweile eine der weltweit größten Gaming- Communities und kann zahlenmäßig mit seinen weitaus bekannteren Konkurrenten *Fortnite* und *Minecraft* mithalten. Die Nutzer von *Roblox* sind meist Kinder und Jugendliche. Nur etwas mehr als die Hälfte der Nutzer ist über 13 Jahre alt. Wobei die Plattform mit ihren Spielern altert. Kürzlich wurde die Alterseinstufung 17 + eingeführt, und *Roblox* arbeitet stets an der Verbesserung der Grafik, nicht zuletzt auch, um für ältere Nutzende interessant zu bleiben. *Roblox* ist bei Jungen und Mädchen gleichermaßen beliebt. Das gilt vor allem für *Adopt Me!* (2017), ein Rollenspiel, in dem man Haustiere adoptieren, aufziehen und sammeln kann, *Brookhaven RP* (2020) – ebenfalls ein Rollenspiel, in dem die Spieler das Leben in einer virtuellen Stadt simulieren können, und *Tower of Hell* (2018), ein herausforderndes Plattformspiel, in dem die Spieler verschiedene Ebenen eines Turms erklimmen müssen. Neben altbekannten Genres wie Shootern und Action-Rollenspielen zeichnen sich viele Experiences dadurch aus, dass kompetitive Elemente nicht im Vordergrund stehen. Es gibt kein festgelegtes Ziel, was den Spielern auch innerhalb der Experiences eigene Gestaltungsmöglichkeiten eröffnet. Auch kreative Experiences, in denen Mode designt oder einfach Graffiti gesprüht werden können, stehen zur Wahl. *Roblox* ist durch und durch als soziales Erlebnis angelegt, man kann gemeinsam mit seinen Freunden schnell zwischen verschiedenen Experiences wechseln, und der gemeinsame Austausch steht oft im Vordergrund. Bei angeschalteter Kamera können Spieler (über 13 Jahre) auch ihre Mimik auf ihren Avatar übertragen.

Neben dem *Roblox* Player, der auf allen gängigen Spieleplattforen und VR-Brillen und seit Oktober 2023 auch auf Sony-Konsolen zur Verfügung steht, bietet *Roblox* mit dem *Roblox Studio* eine kostenlose Entwicklungsumgebung an, in der Nutzer dann sogenannte Creator-Inhalte gestalten können. Per Drag-and-Drop können schnell 3D-Gegenstände oder komplexere Level entstehen. Um diesen für eine Experience Leben einzuhauchen, bedarf es dann allerdings etwas Einarbeitung in die Skriptsprache Lua. Roblox stellt eine umfangreiche Dokumentation und Tutorials für verschiedene Altersgruppen zur Verfügung, um Creatoren bei der Erstellung von Inhalten zu unterstützen.

Ein weiterer Teil von *Roblox* sind Marktplätze, an denen Nutzer, Creator und Werbetreibender miteinander Handel treiben können. Gehandelt werden Accessoires und Kleidungsstücke für Avatare, 3D-Modelle von Fahrzeugen und Gebäuden bis hin zu komplexen Spielelementen, die in eigene Experiences übernommen werden können. Dieser Handel findet ausschließlich über die In-Game-Währung Robux statt. Hinzu kommt ein *Talent Hub* in denen Jobs in Dollar, aber auch in Robux ausgeschrieben sind.

Robux ist die allgegenwärtige In-Game-Währung, die Kern des Geschäftsmodells von Roblox ist. Sie kann einmalig in einem Paket oder als Abo-Modell erworben werden. Die meisten Spiele sind kostenlos zugänglich, enthalten aber oft In-Game-Käufe, die den Spielenden kosmetische Items, Verbesserungen oder Zugänge zu Premium-Inhalten bieten. Robux können auch auf dem Marktplatz für Avatar-Accessoires ausgegeben werden, den laut Roblox 40 % aller aktiven Spieler einmal im Monat besuchen.

Neben dem Handel auf Marktplätzen stehen unterschiedliche Modelle zur Verfügung, um mit Experiences Robux zu verdienen. Dabei findet sich entsprechend der Vielfalt der Spiele auch die ganze Bandbreite an Kaufmöglichkeiten wieder, die bereits am Beispiel von *Gwent* beschrieben wurden, wobei einige der beliebtesten und umsatzstärksten Spiele weniger auf Fähigkeiten aufbauen und eher dem sozialen Austausch dienen. Während in Rollenspielen ein Schwerpunkt auf kosmetischen Items liegt, kann es sich in anderen Spielen auch um Verbesserungen handeln. *Roblox* stellt neben der umfangreichen Dokumentation und Designempfehlungen auch Geschäftstipps für verschiedene Akteure zur Verfügung. Das sind für Roblox einzelne Hobby-Creatoren, Entwicklerstudios oder Unternehmen im Partnerprogramm. Diese können auch virtuelle Merchandise-Produkte („verch") im Avatar-Shop verkaufen oder *„Branded experiences"* erstellen, in denen Nutzer Produkte einer Marke kennenlernen und eventuell auch kaufen können: Nike, Gucci und Vans sind mit eigenen Experiences vertreten. Der Anteil der Einnahmen, die Roblox an seine Creatoren weitergibt, liegt meist bei ungefähr 30 %.

Das meiste Geld wird von einigen wenigen Creatoren umgesetzt, wobei laut Roblox auch die Einnahmen von kleinen und neuen Experiences wachsen. Von Millionen von Spielern haben im Dezember 2022 allerdings nur 11.000 am Developer-Exchange-Programm, also dem Transfer von Robux in Echtgeld, teilgenommen. Viele Kinder- und Jugendliche, die eine überschaubare Anzahl an Robux einnehmen, geben diese wohl direkt auf der Plattform wieder aus. In seinem Blog kündigt *Roblox* an, dass es Nutzer noch mehr darin unterstützen wird, noch mehr und leichter Inhalte zu produzieren.

4 Hexer, Glücksspiele und das Smartphone …

Anhand des Beispiels *Roblox* lassen sich einige Merkmale dessen, was mittlerweile als Plattformkapitalismus bezeichnet wird, veranschaulichen. *Roblox* stellt die Infrastruktur, eine Entwicklungsumgebung und ein Bezahlsystem zur Verfügung. Die Produktion von Inhalten wird an die Spieler ausgelagert, wodurch deren kreative Tätigkeit und ihre Aufmerksamkeit Kern des Geschäftsmodells der Plattform werden. So haben Spieler Zugang zu Experiences und virtuellen Gütern. Hinzu kommen Werbetreibende wie Gucci oder Nike. Diese handeln mit Creatoren über Werbeplätze oder lassen gleich ganze Experiences bauen. Da es sich bei Roblox um ein geschlossenes Ökosystem handelt, sind Aneignung und Umnutzung, geschweige denn das freie Teilen von Inhalten wie in der Modding-Kultur, nicht mehr möglich. Hinzu kommt, dass keiner der Akteure die selbst erstellten oder gekauften virtuellen Güter, Experiences oder die Robux wirklich besitzt. Alle Spieler haben lediglich Zugriff darauf, wie in den AGB festgelegt ist.

Auch Spieler, die keine In-Game-Käufe tätigen oder Creatoren, die Experiences kostenlos zur Verfügung stellen, sind Teil der *Roblox*-Ökonomie, da der Wert virtueller Güter auch immer erst dadurch entsteht, dass andere diese nicht haben. Selbst wenn einzelnen Creatoren ein Erfolg gelingt, würde ihr Verhältnis zur Plattform vermutlich prekär bleiben, da sie entsprechend den Plattformlogiken immer neue Inhalte nachliefern müssten und ständig in Konkurrenz zu größeren Teams stünden.

Diese Kritik am „Plattformkapitalismus" geht weit über die Spieleindustrie hinaus. Journalisten und Medienunternehmen kritisieren Plattformen wie Facebook und Instagram dafür, dass sie nicht genügend an den Einnahmen, die durch ihre Inhalte erzielt werden, beteiligt werden. Spotify wird dafür kritisiert, dass es Künstlern zu schlechte Bedingungen diktiert, und Plattformen wie Uber oder Lieferando stehen wegen schlechter Arbeitsbedingungen in der Kritik.

Doch zurück zu *Roblox*: Die Möglichkeit, sich kreativ zu betätigen, bleibt bestehen und wird wohl auch genutzt, um sich im Game-Design auszuprobieren, wie sich in der großen Diversität und Vielfalt der Experiences zeigt. Jugendliche bezeichnen die Spiele-Plattform als fantasievoll, vielfältig, immersiv und sozial. Sie kritisieren jedoch auch die ständigen Kaufangebote. Sie empfinden spielinterne Mechanismen, die sich hauptsächlich auf weiteres Spielen konzentrieren und damit exzessiven oder pathologischen Gebrauch im Sinne einer Medienabhängigkeit (siehe Kap. 5) fördern, als eher negativ.

Auch wenn die Strukturen stark durch *Roblox* bestimmt werden, sind Kinder und Jugendliche jedoch nicht nur passive Konsumenten von Inhalten. Sie gestalten ihre Umgebung aktiv mit – sei es durch das Spielen verschiedener Experiences, in der Gestaltung ihrer Avatare oder dadurch, dass sie in kompetitiven Action-Experiences gegeneinander antreten. Sie nutzen die virtuelle Welt auf jeden Fall, um sich dort miteinander auszutauschen. Auf Discord findet man verschiedene Server, auf denen junge Robloxianer sich zusammengetan haben, um Experiences wie *Frankfurt RP* oder *Erfurt RP* zu entwickeln. Vielleicht werden sie damit keine erfolgreichen Creatoren auf *Roblox*, aber sie eignen sich doch ein Verständnis für die Plattform im Speziellen und Game-Design im Allgemeinen an, das über die bloße Nutzung hinausgeht. Sicherlich ist eine partizipative Computerspiele-Kultur – also eine emanzipatorische Ermächtigung und Beteiligung der Spieler an der Entwicklung von Spielen – durch die Ökonomisierung erschwert, aber unmöglich ist sie vielleicht noch nicht.

Fallbeispiel 3: Fortnite

Im April 2020 gab der US-amerikanische Rapper Travis Scott ein Live-Konzert vor der Rekordkulisse von 12,3 Mio. Zuschauern. Keine Konzerthalle der Welt ist in der Lage, so viele

Zuschauer zu beherbergen, wohl aber die Server des Spiels *Fortnite*, denn dort fand das Konzert statt. Ein gutes Jahr später, im August 2021, als mitten in der Pandemie Live-Konzerte abgesagt werden mussten, war es die Pop-Ikone Ariana Grande, die an drei Tagen hintereinander Live-Auftritte in *Fortnite* absolvierte. Was an diesen Auftritten deutlich wird: *Fortnite* ist kein Spiel. *Fortnite* ist eine eigene virtuelle Welt und bricht in den letzten Jahren einen Rekord nach dem anderen. Gerade während der Pandemie ist *Fortnite* zu einer zweiten Heimat für Millionen junger Menschen auf der Welt geworden – und für den Anbieter Epic Games ein wahrer Geldsegen.

Im Grunde genommen ist *Fortnite* ein sogenannter Koop-Shooter, ein gemeinsam genutztes Shooter-Spiel. *Fortnite* ist ähnlich breit spielbar wie *Gwent* und *Roblox*, aufgrund der höheren Hardware-Anforderung aber nicht direkt auf Android-Smartphones. Prinzipiell finden sich drei Spielmodi: Der Rette-die-Welt-Modus ist ein klassischer Shooter-Modus, in dem ein Spieler oder ein Team aus Spielern sich gegen Computergegner zur Wehr setzen muss. Der kostenlose Battle-Royal-Modus ist ein Prinzip, das sich mittlerweile bei vielen Spielen findet und eine Innovation im Design gemeinsamer Spiele darstellt. In einer Spielwelt, die im Verlauf eines Matches meist immer kleiner wird, kämpft jeder gegen jeden. Der Spieler, der am Ende überlebt, hat gewonnen. Der Kreativmodus wiederum ist ein Element, das aus *Roblox* bekannt ist: Spieler können eigene Welten und Spiele erschaffen. Das können eigene kleine Minispiele sein, eigene Shooter-Level oder eben die mittlerweile oft auf YouTube dokumentierten Tänze und Tanz-Battles, bei denen Spieler gegeneinander auftreten.

Fortnite vereint viele der Elemente, die wir bereits in den vorherigen Fallbeispielen beschrieben haben. Zudem verwendet es, wenn auch nicht ganz so kindlich wie in *Roblox*, eine bunte Comic-Grafik. Dies unterscheidet *Fortnite* deutlich von anderen, ernsteren Shooter-Spielen. Wie bei *Gwent* kann das Spiel bzw. bestimmte Elemente davon auch kostenlos genutzt werden, und es finden sich – wie bei *Gwent* und *Roblox* – vielfältige Möglichkeiten, durch den Kauf von Gegenständen reales Geld auszugeben. So können in *Fortnite* Skins, also Kleidungssets für Spielfiguren, im Shop für geringe Beträge erworben werden. Manche Skins sind aber nur kurzzeitig oder während eins bestimmten Ereignisses zu erhalten, so z. B. ein Tavis-Scott-Kostüm während eines Live-Auftritts des Rappers im Spiel. Das angeblich teuerste Skin im Spiel ist aber das Galaxy Skin, das man nur erhält, wenn man 2019 ein teures Galaxy Note 9 Smartphone gekauft hat. Die eigene Ökonomie in *Fortnite* ist für Nicht-Spieler ähnlich schwer zu durchschauen wie bei *Gwent* und war auch schon Untersuchungsobjekt der wissenschaftlichen Forschung, die darin ein besonders markantes Beispiel für Plattformökonomie sieht.

Vergleichbar mit *Gwent* und sogar noch stärker ausgeprägt ist die Orientierung an Ereignissen der realen Welt. Es gibt einzelne „Seasons", bei denen sich die Optik des Spiels oder einzelne Spielmodi ändern: Begonnen mit Mittelalter und Superhelden-Motiven, werden immer neue Erweiterungen hinzugefügt, und einzelne Ereignisse, wie die Konzerte von Travis Scott oder Ariana Grande, finden statt. Im Juni 2021 erschien ein riesiges Ufo über der Spielwelt, und neue, außerirdische Waffen wurden eingeführt. Im September wurde es zerstört und Teile davon wurden auf der Spielwelt verteilt.

Was *Fortnite* von *Gwent* und anderen Spielen unterscheidet, ist, dass es nicht direkt auf einer etablierten Medienmarke besteht. Das Spiel kompensiert dies aber durch vielfältige Kooperationen. Zum Start des Films *Der Aufstieg Skywalkers* findet im Spiel ein *Star Wars*-Event statt. Die Figurenwelt der Marvel-Superhelden ist reichlich vertreten. Sportler wie Marco Reus, Neymar oder Serienfiguren aus *Stranger Things*, *The Walking Dead* und vielen anderen Formaten sind im Spiel als Skins erhältlich. Ferner kooperiert der Anbieter Epic Games mit populären Musikern wie

Drake oder The Weeknd. Kurz gesagt: *Fortnite* ist zu einem eigenen popkulturellen Referenzsystem geworden, indem scheinbar alles, was bei jungen Menschen beliebt ist, in einer bunten Spielwelt zu haben ist – meist für einen gewissen Betrag der Spielwährung.

Die enge Verbindung aus Popkultur, Kommerz und Spielwelt ist es auch, was die Kritik am Spiel ausmacht. *Fortnite* ist nicht mehr nur ein Computerspiel, sondern eine eigene Medienwelt mit kaum zu durchschauenden Angeboten, die gerade auf jüngere Kinder und Jugendliche ausgerichtet sind. In Deutschland liegt die Altersfreigabe des Spiels bei 12 Jahren, wobei eine Altersfreigabe der diversen Online- und Kreativmodi kaum zu bestimmen ist.

Ähnlich wie bei *Roblox* bindet Epic Games, der Entwickler von Fortnite, auch die Creator Economy ein, d. h. Nutzer sollen selbst zu Entwicklern von Inhalten werden. Was hierbei entsteht, ist vergleichbar mit dem, was beim Metaverse von Facebook beabsichtigt wird: eine eigene, kommerzielle virtuelle Welt mit selbstgestalteter Unterhaltung, aber auch der Integration von Unternehmen und Marken.

Zusammenfassung

Die Spielbeispiele haben aufgezeigt, wie sich die Spielwelt in den letzten Jahren gewandelt hat. Das Angebot ist deutlich breiter geworden. Einfache Spiele wie *Gwent*, die auf Smartphone und PC gespielt werden können, sind hundertfach erschienen. Sie sind kostenlos und finanzieren sich durch mehr oder weniger komplexe Systeme von In-Game-Käufen. Die Verbindung von Popkultur und Computerspielen ist weiter vorangeschritten, entweder durch lizensierte Markenwelten oder die Integration von Popkultur und Computerspielen wie in *Fortnite*. Diese Veränderungen haben dazu geführt, dass es kaum noch möglich ist, von den Computerspielen an sich zu sprechen. Wie *Roblox* und *Fortnite* aufgezeigt haben, kann die Spielwelt innerhalb eines Spiels sehr unterschiedlich sein. Spielerfahrungen unterscheiden sich dadurch immer stärker. Die Grenzen zwischen Spiel, Social Media und Werbung lösen sich auf. Die Spieleanbieter stehen vor der Herausforderung, wie sie kostenlose und kostenpflichtige Angebote voneinander abgrenzen. Es geht nicht mehr darum, ein Spiel einmal zu verkaufen, sondern es immer wieder neu zu entwickeln und dauerhaft Nutzer daran zu binden, damit diese immer häufiger die kostenpflichtigen Optionen nutzen. Dies stellt auch den Jugendmedienschutz vor neue Herausforderungen, die in der gesellschaftlichen Debatte über Computerspiele bislang noch wenig beachtet wurden.

5

Das Computerspiel im Spiegel der Gesellschaft

Computerspiele standen und stehen immer wieder im Zentrum gesellschaftlicher Debatten. Dabei geht es u. a. um Fragen nach der Gewaltwirkung von Computerspielen, Computerspielabhängigkeit, Möglichkeiten des Jugendmedienschutzes, aber auch um die Potenziale von Computerspielen als Lernmedium. In diesem Kapitel wird kritisch hinterfragt, wie es zu diesen Debatten gekommen ist und welche Bedeutung sie heute noch haben. Neben der bekannten Killer-Spiele-Debatte wird auch auf den #gamergate-Skandal in den USA eingegangen sowie auf die Herausforderungen des Jugendmedienschutzes durch neue Erlösmodelle.

Der Teufel musste von ihm Besitz ergriffen haben. Wie anders war es zu erklären, dass der amerikanische High-School-Schüler Irving Pulling sich im Jahr 1982 das Leben nahm. Und der Teufel kam aus einem Spiel, zwar keinem Computerspiel, aber einer ähnlich fantastischen Welt voller Teufel und Dämonen, in denen Flüche ausgesprochen, Teufel verehrt und Teenager in den Tod getrieben werden: *Dungeons und Dragons* (1974).

Von Kellergewölben, Drachen und Moralischen Paniken

Entstanden in den frühen 1970er-Jahren, stellte *Dungeons and Dragons*, oder D&D, wie seine Nutzer es nannten, das erste kommerziell erfolgreiche „Tabletop"-Rollenspiel dar. Ab 2016 hat die Spielwelt von D&D vor allem durch die erfolgreiche Serie *Stranger Things*, die in den 1980er-Jahren zur Zeit des D&D Booms spielt, Einzug in die aktuelle Popkultur erhalten. Bei D&D handelt sich um eine Art Brettspiel mit Würfeln und einem Spieler als Geschichtenerzähler. Gespielt wurde nach einem mit den Jahren immer ausgefeilteren Regelwerk, verschiedenen Würfeln (meist dem klassischen 20-seitigen Würfel, aber auch 2- oder 12-seitigen Würfeln) und mit einem Spielleiter, dem Game- oder Dungeon-Master. Dieser erfindet basierend auf dem Regelwerk Geschichten, die die Spieler nachspielen. Wollte man in dieser Geschichte zum Beispiel über einen Fluss springen, musste gewürfelt werden. Spielte man einen leichten und geschickten Elf, erhielt der Spieler einen Bonus, wählte man aber einen großen, schwer bepackten Ritter, wurde ein Malus errechnet. Reichte die Würfelzahl nicht, landete man im Fluss, und der Spielleiter musste die Geschichte umbauen. Ähnlich wie Tolkien im *Herr der Ringe* schufen die Autoren ausgefallene Fantasy-Welten, in denen es neben Elfen, Zwergen und Trollen auch Drachen, Teufel und Dämonen gab. Man kämpfte (würfelte) nicht nur mit Schwert und Bogen, sondern auch mit mächtigen Zauberkräften. Doch alles blieb in der Fantasie der Spieler.

Für die Geschichte der Computerspiele ist D&D in vielfacher Hinsicht von Bedeutung. Ohne dieses Brettspiel sind heutige Titel wie *World of Warcraft* oder selbst das in einer dystopischen Zukunftswelt spielende *Cyberpunk 2077* (2020) kaum vorstellbar. Aber auch Dutzende direkte Ableger aus dem D&D-Universum sind entstanden: von der

Golden Box (benannt nach den goldenen Verpackungen der Spiele der 1980er- und 1990er-Jahre) über *Neverwinter Nights* (ab 2002) und *Baldur's Gate* (ab 1998), dessen aktueller Titel *Baldur's Gate 3* (2023), derzeit als das angeblich beste Computerspiel aller Zeit gilt. D&D hat ein gesamtes Genre begründet: das Computerrollenspiel.

D&D ist aber noch aus einem weiteren Grund ein Meilenstein in der Geschichte der Computerspiele, denn seine Veröffentlichung nahm etwas vorweg, was noch mehrfach passieren sollte: eine „Moralische Panik". Das Konzept der Moralischen Panik wurde vom britischen Soziologen Stanley Cohen in den 1970er-Jahren geprägt. Zunächst standen die Medien noch nicht im Vordergrund, auch wenn Cohen schon auf die besondere Rolle der Medien bei der Verbreitung von Moralischen Paniken hinwies. Mittlerweile haben unzählige Arbeiten das Konzept nicht nur erweitert, sondern vor allem auch den Einfluss der Medien herausgestellt. Manche Autoren sprechen inzwischen auch von Medienpaniken (Media Panics); sie suchen die Schuld nicht bei einer bestimmten Gruppe, sondern bei einem Medium an sich, z. B. den Computerspielen.

Cohen beginnt seine wissenschaftliche Analyse mit den gesellschaftlichen Veränderungen der 1960er-Jahre. Nach einer Schlägerei rivalisierender Jugendgruppen, der Mods und der Rocker, sahen konservative Politiker und die Boulevardpresse die Grundfesten der Gesellschaft erschüttert. Die verrohte Jugend kenne keine Normen und Werte mehr und werde über kurz oder lang das Land zugrunde richten, wenn nicht mit harter Hand Einhalt geboten werde. Die Mechanismen einer Moralischen Panik sind dabei einfach und von Cohen mit plastischen Metaphern beschrieben. Eine „Moralische Panik" nennt Cohen diese Angst eines Teils der Gesellschaft, dass eine andere Gruppe die Grundlagen des Zusammenlebens nachhaltig und auf Dauer gefährde oder gar zerstöre.

Auf der einen Seite finden sich die *Folk Devils*, die vermeintlichen Übeltäter, diejenigen, die die Gesellschaft zugrunde richten, die moralisch verfehlt sind und meist diejenigen bedrohen, die am meisten Schutz benötigen, die Kinder und Jugendlichen. Folk Devils waren damals Rocker, Mods und deren Musik- und Jugendkultur. Sie waren Drogendealer und Kinderschänder. Sie waren aber auch, wie Cohen in historischer Analogie aufzeigte, die Hexen, die angeblich die Ernte verdorren ließen und die Männer verführten, oder auch die Juden, die die Brunnen vergiftet haben sollten. Folk Devils sind also nach Cohen jene stigmatisierten sozialen Gruppen, die für eine andere, meist die Mehrheitsgesellschaft oder auch nur eine vermeintliche Mehrheitsgesellschaft, schuldig an einem tatsächlichen oder auch nur vorgestellten gesellschaftlichen Problem sind. Sie sind die Sündenböcke der Gesellschaft. Damit sie dazu gemacht werden, bedarf es jedoch noch einer zweiten Gruppe, der *Moral Entrepreneurs*, der moralischen Unternehmer. Dies sind Personen und Gruppen, die die Normen und Werte, die Moral der Gesellschaft aktiv verteidigen und die Folk Devils identifizieren und brandmarken. Moral Entrepreneurs kommen aus der Politik, der Religion oder den Medien. Es handelt sich um Vereine, Verbände, Parteien oder auch nur um Einzelpersonen wie Patricia Pullings, die Mutter des eingangs erwähnten Schülers Irving Pulling.

Eine Moralische Panik ist dabei von übersteigerter Berichterstattung über ein spezifisches Problem mit klaren Schuldzuweisungen gekennzeichnet. Gleichzeitig ebbt diese Berichterstattung aber nach einer gewissen Zeit wieder ab. Die D&D-Panik beschäftigte die Medien vor allem in den Jahren 1982 und 1983. Patricia Pulling gründete die Lobbyorganisation *B.A.D.D.* (Bothered About D&D) und erlangte nicht nur in den christlich-konservativen, sondern auch den amerikanischen Mainstream-Medien einen gewissen Bekanntheitsgrad. Sie verklagte den Entwickler von

5 Das Computerspiel im Spiegel der Gesellschaft

D&D und machte ihn verantwortlich für den Tod ihres Sohns. Mehrere vergleichbare Fälle von Jugendlichen, die das Spiel gespielt hatten und sich das Leben nahmen, wurden ins Licht der Öffentlichkeit gestellt. D&D verführe die amerikanische Jugend zum Satanismus, wirke desillusionierend auf sie und führe letztlich zu erhöhten Selbstmordraten.

Aus heutiger und stärker weltlich orientierter deutscher Sicht mag eine solche Debatte befremdlich wirken und vielleicht an die Besorgnis christlich-fundamentalistischer Eltern erinnern, das Lesen der *Harry Potter*-Romane führe direkt zum Satanismus. Die damals geführte Debatte enthält dennoch viele Elemente, die auch heute noch bei der Berichterstattung über Computerspiele und deren vermeintliche Wirkung eine entscheidende Rolle spielen.

D&D in den 1980er-Jahren und Computerspiele in den 1990er- und 2000er-Jahren waren beliebte Freizeitaktivitäten eines Teils der Gesellschaft. Gerade jüngere, insbesondere männliche Jugendliche waren typische Nutzergruppen. Für ältere Menschen war die Fantasiewelt der Spiele ebenso wenig nachzuvollziehen wie die laute, grelle Welt der Videospiel-Arcades. Viele Medienpaniken sind zunächst geprägt von einer Diskrepanz zwischen den Einstellungen und Vorlieben der Jungen, der Kinder und Jugendlichen, und der Älteren, der Vertreter des Establishments. Wenn Eltern nicht mehr verstehen, was ihre Kinder mit den Medien machen, sind die Grundlagen für eine Medienpanik gelegt. Der Kommunikationswissenschaftler Thorsten Quandt zeigt dies anschaulich an Computerspielen auf. Er bezeichnet die Debatten zwischen Computerspielern und ihren Gegnern als Konfliktlinie in der Gesellschaft. Die „Alten" verstehen nicht, was die „Jungen" machen, und die „Jungen" verstehen nicht, warum die „Alten" nicht nachvollziehen können, was sie machen. Die Charakterisierung von „Digital Natives" und „Digital Immigrants", auf die wir noch eingehen werden, spielt hierbei eine wichtige Rolle. Gerade diejenigen, die nicht mit digitalen Medien aufgewachsen sind, können die sich hier entwickelnden Nutzungsgewohnheiten und -muster kaum nachvollziehen und erkennen darin, im schlimmsten Fall, eine Gefahr für die Gesellschaft.

Die Debatte um D&D zeigt aber auch einen weiteren Mechanismus solcher Paniken: Wenn ein bestimmter Medieninhalt bei Kindern und Jugendlichen weite Verbreitung findet, ist es ein Leichtes, vermeintliche Zusammenhänge mit allen möglichen gesellschaftlichen Übeln herzustellen. Wenn Anekdoten und Einzelfälle erst in den Medien kursieren, fällt es schwer, diese mit komplexen wissenschaftlichen Daten zu widerlegen. Im Fall von D&D handelte es sich um Selbstmorde von Jugendlichen. Neben Irving Pulling fanden sich noch weitere Fälle von Jugendlichen, die D&D gespielt und sich umgebracht hatten. Diese Fälle wurden insbesondere in den Boulevardmedien ausführlich beleuchtet. Erst im Zuge der von Irvings Mutter eingereichten Klage wurde offengelegt, dass die Selbstmordrate von Jugendlichen, die Rollenspiele spielen, statistisch gesehen niedriger lag als die von anderen Jugendlichen.

Ein ähnliches Muster kann man einige Jahre später in der Debatte um die Bedeutung von Ego-Shootern für Amokläufe in Schulen, sowohl in den USA als auch Deutschland, erkennen. Regisseur Michael Moore hat die oftmals einseitige Ursachenzuschreibung für solche Gewalttaten in seinem dokumentarischen Film *Bowling for Columbine* (2002) anschaulich, aber auch durchaus polemisch verdeutlicht. Viele Amokläufer – von Eric Harris und Dylan Klebold (Columbine, 1999) über Robert Steinhäuser (Erfurt, 2002) und Tim Kretschmar (Winnenden, 2009) und David S. (München, 2016) – spielten Computerspiele, insbesondere Ego-Shooter. Das empirische Problem jedoch ist, dass diese Spiele insgesamt bei männlichen Jugend-

5 Das Computerspiel im Spiegel der Gesellschaft

lichen damals sehr beliebt waren (und teilweise auch heute noch sind). Gleichzeitig handelt es sich bei einem Amoklauf zum Glück um ein so seltenes Ereignis, dass die Wahrscheinlichkeit eines männlichen jugendlichen Täters, der keine Computerspiele spielt, denkbar gering ist. Daraus nun zu folgern, dass Computerspiele Ursache für die Gewalttat sind, ist eine verkürzte These, die (siehe Kap. 6) wissenschaftlich nicht belegt werden kann, aber in den traditionellen Medien und von den typischen Moral Entrepreneurs bereitwillig aufgegriffen wird.

Mit der Moralischen Panik lässt sich aber noch ein weiterer Aspekt verdeutlichen, auf den der amerikanische Forscher Dmitri Williams in einer Analyse der Berichterstattung über Computerspiele der Jahre 1970 bis 2000 hingewiesen hat. Eine Moralische Panik entzündet sich nahezu immer an einem einzelnen Ereignis und leitet von diesem eine gesellschaftliche Bedrohung ab. Dahinter steckt aber eine tiefer gehende, abstraktere Sorge vor einem gesellschaftlichen Wandel. Hinter der Angst vor Mods und Rockern stand die Angst der englischen bürgerlichen Mehrheitsgesellschaft vor einer wachsenden, sich emanzipierenden Arbeiterklasse und Jugend. Die Sorge um den gefährlichen Einfluss von D&D wiederum lässt sich nur verstehen, wenn man sie einordnet in die seit den 1970er-Jahren verbreitete Sorge christlich geprägter Eliten um die immer weltlicher werdende amerikanische Gesellschaft. Auch viele Debatten zum Thema Computerspiele entspringen solchen tiefer gehenden Ängsten, insbesondere den Sorgen, welche Rolle Technik und Digitalisierung generell im Alltag von Menschen spielen werden. Computerspiele werden dabei zum Blitzableiter. An ihnen kann sich der allgemeine, abstrakte Diskurs entzünden, ohne dass um die eigentlichen, dem Konflikt zugrunde liegenden gesellschaftlichen Probleme gestritten werden musste. So werden Computerspiele allzu oft zu Sündenböcken des 21. Jahrhunderts.

Mag nun der Eindruck entstanden sein, hier würden Gefahren und Risiken von Computerspielen bagatellisiert, indem Debatten über deren potenziell negative Wirkungen im Rahmen einer vermeintlichen Moralischen Panik verortet werden, so ist hinzuzufügen: Auch die Forschung hat bei manchen Spielen durchaus Bedenken. Sie weiß aber auch, dass das, worüber in den Medien berichtet wird, vermutlich nicht das zentrale Problem ist. Eine wissenschaftliche Analyse der Wirkung von gewalthaltigen Computerspielen (Kap. 6) ist also sinnvoll. Eine Verbotsdebatte nach Amokläufen ist es vermutlich nicht und eher Element einer Moralischen Panik. Welche Debatten, die spezifisch für Computerspiele sind, lassen sich nun in den letzten Jahren identifizieren und wie sind diese (kritisch) einzuordnen?

Debatten über negative und positive Wirkungen von Computerspielen

In der Geschichte der Computerspiele dauerte es nicht lang, bis vor ihren Gefahren gewarnt wurde. Diese Gefahren, die in den 1970er und vor allem 1980er-Jahren erstmals beschworen wurden, sind dieselben, die die gesellschaftliche Debatte noch heute bestimmen: die Wirkungen insbesondere gewalthaltiger Computerspiele auf Kinder und Jugendliche. Neu hinzugekommen ist die Debatte um die vermeintliche Suchtwirkung und Abhängigkeiten. Beide Debatten berühren einen zentralen Aspekt der Nutzung von Computerspielen: den Jugendmedienschutz. Letztlich geht es hier wie dort um die Frage, wie Kinder und Jugendliche vor schädlichen Wirkungen durch Computerspiele geschützt werden können. Dazu werden im Folgenden die beiden Bereiche Gewalt und Killerspiele sowie Abhängigkeit thematisiert. Eher knapp behandeln wir die Debatte um Computerspiele und Schulnoten. Zwei aktuelle Debatten werden ebenfalls beleuchtet: Zum einen die #gamergate-Debatte von 2014 und, damit verbunden, eine immer noch bestehende Debatte über Geschlechtervorstellungen in der Gaming Community. Schließlich werden wir einen Blick auf die bislang nur im Kleinen geführte Debatte über die Gefahren der in Kap. 4 aufgezeigten neuen Erlösmodelle von Computerspielen.

Computerspiele und der Schutz der Jugend

Der Jugendmedienschutz spielt bei der Regelung des Zugangs zu Medieninhalten in Deutschland und auch international eine große Rolle. Allgemein gesprochen übernimmt er eine schützende, auch „bewahrpädagogisch" genannte Funktion: Kindern und Jugendlichen soll der Zugang zu Medieninhalten verwehrt werden, die sie in ihrer Entwicklung beeinträchtigen oder gefährden können. In Deutschland genießt der Jugendmedienschutz Verfassungsrang und ist eine der Schranken der verfassungsrechtlich verbrieften Kunst- und Meinungsfreiheit (Art. 5 Abs. 2 GG).

Begründen kann man den Jugendmedienschutz aus einer (positiven) Fürsorgepflicht des Staates, die sich aus Art. 2 Abs. 1 und Art. 1 Abs. 1 des Grundgesetzes ableiten lässt: Da der Staat dafür Sorge zu tragen hat, die Würde des Menschen zu schützen und die freie Entwicklung der Persönlichkeit zu gewährleisten, hat er auch die Pflicht, gesetzliche Regelungen zu treffen, wenn hier eine Gefährdung stattfindet.

Wenn nun die Entwicklung von Kindern und Jugendlichen durch bestimmte Medieninhalte gefährdet oder beeinträchtigt wird, ist es Aufgabe des Staats, junge Menschen vor diesen Einflüssen zu schützen. Ähnlich wie Kinder und Jugendliche vor Alkohol und Zigaretten geschützt werden, so sollen sie auch vor potenziell gefährlichen Medieninhalten geschützt werden. Wie im nächsten Kapitel aufgezeigt wird, ist es zwar um ein Vielfaches leichter, die Wirkung von Rauchen oder Alkohol auf die Gesundheit wissenschaftlich-empirisch zu untermauern als die Wirkung von Computerspielen. Gleichwohl ist unstrittig, dass der Zugang zu Medien geregelt werden sollte. Diese Zugangsbeschränkung findet meist über Altersfreigaben statt. Man geht also davon aus, dass Kinder je nach geistiger Entwicklung gelernt haben, mit verschiedenen Inhalten umzugehen. Damit Kinder und Jugendliche keine Inhalte konsumieren, die für ihre Entwicklung negativ sein könnten, gibt es seit 2003 das neuformulierte Jugendschutzgesetz (JuSchG). Es regelt neben dem Zugang zu Kneipen und Diskotheken auch den Zugang zu Filmen und Computerspielen. Seit 1994 wird der Jugendmedienschutz im Bereich der Computerspiele von der Unterhaltungssoftware Selbstkontrolle (USK) geregelt. Deren Entscheidungen sind seit der Novellierung des Jugendschutz' (2003) auch rechtlich bindend, d. h. ein ab 12 Jahren freigegebenes Computerspiel darf nicht an ein Kind unter 12 Jahren verkauft werden. Mit dieser rechtlichen Verbindlichkeit unterscheidet sich Deutschland von anderen Ländern, in denen die Regelungen oftmals nur einen Empfehlungscharakter besitzen.

Die USK als Institution der Freiwilligen Selbstkontrolle folgt dabei einem Muster, welches in westlichen Demokratien seit den 1960er-Jahren immer mehr an Bedeutung gewonnen hat: Nicht der Staat selbst reguliert den Zugang zu Medieninhalten, sondern er delegiert diese Aufgabe an die Industrie. Diese muss wiederum einen Mechanismus finden, die Zugangskontrolle sicherzustellen. Das Ganze muss dann mehr oder weniger staatlich legitimiert sein. In Deutschland übernimmt dies die USK. In den Gremien der USK ist der Staat über die Oberste Landesjugendbehörde vertreten. Aber auch Vertreter gesellschaftlich relevanter

5 Das Computerspiel im Spiegel der Gesellschaft

Gruppen (Parteien, Religionsgemeinschaften oder auch Industrievertreter) entscheiden darüber, ob ein Computerspiel die Entwicklung junger Menschen beeinträchtigt oder nicht. International haben sich verschiedene, mehr oder weniger komplexe Jugendmedienschutzsysteme für Computerspiele entwickelt. In den USA liegt die Verantwortung stärker auf Seiten der Industrie selbst. Medienkritische Lobbyverbände, insbesondere die Parent-Teacher-Association, bestimmen hier mit, welche Spiele für welches Alter freigegeben werden. Obwohl die Entscheidungen des Entertainment Software Rating Boards (ESRB) rechtlich nicht verbindlich sind, hat sich die Industrie (weitgehend) selbstverpflichtet, Spiele nur anhand der getroffenen Alterskennzeichnung zu verkaufen. Auch ein amerikanischer Teenager von 14 Jahren wird in einem beliebigen Walmart kein als „Mature" eingeordnetes Computerspiel erwerben können. Dies steht erst Jugendlichen ab 17 Jahren frei. Auf europäischer Ebene hat sich das Pan European Game Information (PEGI) System etabliert, welches maßgeblich von Wissenschaftlern und Jugendschützern aus den Niederlanden geprägt wurde. PEGI wird in gut 30 europäischen Ländern verwendet, teils auch als gesetzlich verankertes Jugendschutzsystem. In Deutschland findet es keine Anwendung.

Obwohl rechtliche und medienpädagogische Experten den deutschen Jugendmedienschutz als funktional beschreiben, fanden bzw. finden sich gerade im Hinblick auf Computerspiele immer wieder Debatten um eine Verschärfung des deutschen Jugendmedienschutzes, an dessen Ende die Forderung nach einem Verbot sogenannter Killerspiele steht. Um das zu verstehen, ist es zunächst notwendig, die Funktionsweise des Jugendmedienschutzes in Deutschland zu betrachten.

Die Alterskennzeichen der USK legen fest, ob ein Computerspiel für alle, Kinder ab 6, Jugendliche ab 12 oder 16 Jahren verkauft oder verliehen werden darf oder nur an Erwachsene (keine Jugendfreigabe). Die Entscheidung trifft ein mit unterschiedlichen Bezugsgruppen besetzter Prüfausschuss auf Basis von Spielvorführungen. Spieletester spielen jedes Spiel durch, greifen aber auf Spielhilfen der Hersteller zurück. Die Einordnung, ab welchem Alter ein Spiel freigegeben wird, orientiert sich an wissenschaftlichen Befunden, beruht aber vorwiegend auf der Frage, ab welchem Alter ein Kind bzw. ein Jugendlicher in der Lage ist, bestimmte Inhalte zu verarbeiten, ohne dass er in seiner Entwicklung beeinträchtigt wird. Gewalt ist dabei ein zentrales Element. So beschreibt die USK Spiele ab 6 Jahren als „familienfreundliche Spiele, die bereits spannender und wettkampfbetonter ausfallen dürfen". Bei Spielen ab 12 Jahren gilt: „Diese Spiele sind bereits deutlich kampfbetonter. Die Spielszenarien sind in einem historischen, futuristischen oder märchenhaft-mystischen Kontext angesiedelt, so dass sie ausreichend Distanzierungsmöglichkeiten für den Spieler bieten." Und bei Spielen ohne Jugendfreigabe (ab 18 Jahren) heißt es: „Da diese Spiele nahezu ausschließlich gewalthaltige Spielkonzepte thematisieren und häufig eine düstere und bedrohliche Atmosphäre erzeugen, sind sie ausschließlich für Erwachsene." (Alle Zitate von der Website der USK)

Ein Spiel, das von der USK die Kennzeichnung „keine Jugendfreigabe" erhalten hat, kann also durchaus eine Vielzahl an gewalthaltigen Elementen enthalten. Es darf demnach nicht an Kinder und Jugendliche verkauft werden. Es ist aber für Erwachsene ohne Einschränkungen in Deutschland zu erwerben. Das führt immer wieder zu Diskussionen, denn die Begutachtung der USK schützt einen Inhalt somit letztlich vor einer schärferen Prüfung, die das deutsche Jugendschutzgesetz durchaus vorsieht: die Indizierung eines Medieninhaltes.

Zuständig hierfür ist die Bundeszentrale für Kinder- und Jugendmedienschutz (bis 2021: Bundeszentrale für jugend-

5 Das Computerspiel im Spiegel der Gesellschaft

gefährdende Medien), die sich neben Filmen, Musikstücken und Internetangeboten auch den Computer- und Videospielen widmet. Auf Antrag einer Einrichtung der Jugendhilfe oder von Jugendämtern kann ein Medieninhalt einer Prüfung zur Indizierung unterzogen werden. Ein solcher Inhalt darf dann nicht mehr beworben und in Geschäften verkauft werden, die Kindern und Jugendlichen zugänglich sind. Verboten sind solche Inhalte somit nicht. Damit ein Inhalt indiziert wird, muss er von einem Gremium als jugendgefährdend eingeschätzt werden, d. h. der Inhalt ist im erheblichen Maß geeignet, Kinder und Jugendliche in ihrer Entwicklung zu stören. Dies sind meist verrohende, pornografische und/oder besonders brutale Inhalte, bei denen die Gewalt meist als Selbstzweck erscheint.

Ein beliebtes Argument für die Indizierung gewalthaltiger Computerspiele ist die dadurch geringere Nutzung von Jugendlichen. So zeigen Befragungen, dass Jugendliche Spiele ohne Jugendfreigabe (ab 18 Jahren) nutzen, auch wenn sie selbst noch nicht volljährig sind, indizierte Spiele aber kaum spielen. Dies liegt allerdings auch daran, dass kaum massenattraktive Spiele auf dem Index stehen – zumindest in den letzten Jahren. Meist entscheidet sich ein Entwickler, für Deutschland eine angepasste, geschnittene Version eines Titels auf dem Markt zu bringen. In Spielerforen führen solche Veröffentlichungen regelmäßig zu heftigen Diskussionen, weil man dies als einen Eingriff in die Entscheidungsfreiheit der Nutzer sieht. Gerade erwachsene Spieler sehen hier einen für sie unnötigen Übergriff. De facto entstehen so für die meisten großen Spieletitel speziell angepasste deutsche Versionen, die so vertrieben werden dürfen, ein USK-Kennzeichen erhalten und nicht auf dem Index landen.

Aus historischer Sicht finden sich einige interessante Indizierungsentscheidungen der Bundesprüfstelle (für jugendgefährdende Schriften, wie sie damals noch hieß), die den Zeitgeist widerspiegeln. Das ZDF widmete sich in einer dreiteiligen und durchaus sehenswerten Dokumentation mit dem Titel „Killerspiele!" dem Phänomen und gerade der erste Teil der Dokumentation liefert reichlich Anschauungsmaterial für die frühen Indizierungsentscheidungen. Spiele wie *Battlezone* (1980), *Raid over Moscow* (1984) oder *Commando* (1985) erscheinen aus heutiger Sicht mit ihrer groben, nahezu abstrakt wirkenden Grafik kaum geeignet, Kinder und Jugendliche in ihrer Entwicklung zu gefährden. Die Entscheidung, sie auf den Index zu nehmen, muss jedoch vor zwei Hintergründen betrachtet werden: Zum einen handelte es sich um ein relativ neues Medium, bei dem sich auch die Prüfer unsicher waren, wie damit umzugehen ist. Aufgrund der Interaktivität des Mediums wurden strengere Kriterien angelegt als bei Filmen. Zum anderen handelte es sich meist um Spiele mit Kriegsthematik, und dies war zur Hoch-Zeit des Kalten Kriegs ein besonderes Tabuthema. Es schien fast, als schwebte bei den Entscheidungen der Bundesprüfstelle die Angst mit, Computerspiele könnten dazu beitragen, den Kalten Krieg in einen heißen zu verwandeln. Der Film *War Games* von 1983 verdeutlichte diese vermeintliche Gefahr, indem aus einem harmlosen Computerspiel heraus die atomare Apokalypse eingeleitet wird.

Der vermutlich prominenteste Fall eines indizierten Computerspiels ist *DOOM* aus dem Jahr 1993. Das Spiel wurde in Deutschland in den frühen 1990er-Jahren auf nahezu jedem Schulhof von Flensburg bis Berchtesgaden getauscht. 2011 wurde *DOOM* nach 17 Jahren schließlich vom Index gelöscht, acht Jahre, bevor eine neue Prüfung ohnehin angestanden hätte. Die Bundesprüfstelle erkannte damit an, dass sich Nutzungsgewohnheiten, aber auch technische Möglichkeiten deutlich gewandelt hatten. Was früher als jugendgefährdend galt, war nach wenigen Jahren nur mehr aus historischer Perspektive relevant. Vermutlich

5 Das Computerspiel im Spiegel der Gesellschaft

rührte der Thrill, den Jugendliche bei einer Runde *DOOM* erlebten, wohl eher daher, dass sich so schnell und detailliert eine Welt noch nie am Rechner hatte simulieren lassen. So wie sich Menschen an das Reisen mit mehr als 35 km/h gewöhnt haben, so haben sich auch Computerspieler an virtuelle Welten gewöhnt, und auch der Jugendschutz hat angefangen, Erfahrungen mit dem Medium zu sammeln und differenzierter zu prüfen.

Neben *DOOM* traf die Indizierung auch noch den Vorgänger *Wolfenstein 3D* (1992), hier jedoch in einer besonderen Form: Das Spiel wurde nicht nur indiziert, sondern aufgrund der Verwendung von Symbolen verfassungsfeindlicher Organisationen (§ 86 StGB) beschlagnahmt (siehe Kap. 1). Das Spiel darf in Deutschland nicht verbreitet werden. Dies stellt die strengste Form des Jugendmedienschutzes dar. Wenn ein Medieninhalt gegen bestehende Strafgesetze verstößt, kann er eingezogen, die Verbreitung untersagt und in besonders schweren Fällen auch der Besitz unter Strafe gestellt werden. So geschah es auch mit *Manhunt* (2003), in dem die Spielfigur dazu angehalten wird, Morde auf besonders bestialische Weise zu verüben – ein Verstoß gegen § 131 StGB.

Zusammengefasst lässt sich sagen, dass in Deutschland ein sehr ausdifferenziertes System etabliert ist, Kinder und Jugendliche vor dem vermeintlich schädlichen Einfluss von Computerspielen zu schützen. Den Großteil der Arbeit leistet dabei die USK, die jedes Jahr Tausende neuer Spiele prüft; nur in sehr wenigen Fällen greifen die weiteren gesetzlichen Regelungen der Indizierung und Beschlagnahmung. So umfasst die Liste der Bundesprüfstelle gut 700 Spieletitel, während die USK allein 2022 fast 2000 Titel geprüft hat. Regelmäßig wird bei weniger als 0,5 % der Titel, eine Prüfung verweigert, was den Weg für eine Indizierung frei macht. Seit Jahren sind knapp drei Viertel aller geprüften Titel bis maximal 12 Jahre freigegeben, deutlich weniger als jeder zehnte Titel erhält keine Jugendfreigabe. Die größte Herausforderung für die USK stellt aber die Begutachtung von Onlinespielen dar, die im Rahmen der International Age Rating Coalition erfolgt. Hier arbeitet die USK also mit anderen Institutionen zusammen, um die große Menge an Titeln zu bearbeiten, und prüft nicht mehr die Titel einzeln, sondern das gemeinsame Prüfsystem insgesamt. Grundlage hierfür ist der Jugendmedienschutz-Staatsvertrag (JMStV) der Bundesländer.

Meist entzünden sich die gesellschaftlichen Debatten zur USK gerade an jenen Spielen ab 16 oder 18 Jahren, und gerade hier wird eine Verschärfung des Jugendmedienschutzes eingefordert. Mit der Ausnahme von Australien wird aber in westlichen Demokratien nirgends ähnlich streng reguliert wie in Deutschland. International gesehen gilt der deutsche Jugendmedienschutz als besonders streng und ein wichtiges Argument gegen die Übernahme des paneuropäischen PEGI Systems lautet auch, dass der deutsche Jugendmedienschutz kritischer prüft als PEGI, das Alterskennzeichen letztlich nur auf Basis eines Fragebogens, den die Hersteller beantworten müssen, vergibt und keine Sichtprüfungen durchführt. Vergleicht man jedoch die Prüfergebnisse der USK, des ESRB und von PEGI, wird deutlich, dass keines der Systeme eindeutig als strenger beurteilt werden kann, wohl aber, dass es gewisse interkulturelle Unterschiede in der Ausgestaltung gibt: In den USA zum Beispiel werden sexuelle Inhalte deutlich strenger begutachtet als in Deutschland – und darunter fällt auch schon, wenn sich zwei Computerspielfiguren küssen können. In Deutschland wiederum wird Gewalt strenger bewertet. Shooterspiele, die in den USA ab 13 Jahren freigegeben sind, dürfen in Deutschland teilweise nur Erwachsene spielen. Einige wenige in Deutschland indizierte Spiele sind in den USA gar für 17-Jährige zugänglich. Überraschend ist jedoch, dass das deutsche System durchaus auch offener sein kann, beispielsweise wenn es um Gewalt in fiktionalen oder fantastischen Kontexten geht: Rollenspiele mit Orks und Trollen wie *Gothic 3* (2006) oder *Skyrim* (2011) werden in Deutschland jüngeren Jugendlichen zugänglich gemacht als in den USA. Das PEGI System wiederum nimmt bei all diesen Entscheidungen meist eine Mittelposition zwischen dem deutschen und US-amerikanischen System ein. Keineswegs ist es aber das freizügigste unter den drei. Der deutsche Jugendmedienschutz legt sein Augenmerk insbesondere auf den Schutz von Jugendlichen, während in den USA Kinder stärker im Vordergrund stehen.

Untersuchungen zeigen im Übrigen, dass weitere Verbote nicht immer erfolgversprechend sind: Ein bekannter psychologischer Effekt (der Forbidden-Fruit-Effekt) zeigt auf, dass gerade verbotene Inhalte für bestimmte Gruppen umso interessanter werden können.

Die Killerspiel-Debatte: Computerspiele und Gewalt

Die Killerspiel-Debatte in Deutschland nachzuzeichnen ist eine ausgesprochen undankbare Aufgabe. Allein die Frage, was ein Killerspiel ist, ist kaum zu beantworten. Am besten lässt sich das Problem mit einem inzwischen legendär gewordenen Zitat des US-Richters Potter Stewart zu einem ähnlich kontroversen Thema (Hardcore-Pornografie) kennzeichnen: „I know it when I see it." Ich kann es zwar nicht richtig definieren, aber ich weiß, was es ist, wenn ich es sehe. Jeder scheint eine andere Definition von Killerspielen zu besitzen, aber man ist davon überzeugt, sie klar zu erkennen, wenn man sie nur sieht.

Der Begriff des Killerspiels ist weder im Gamer-Jargon noch in der Wissenschaft definiert. Vielmehr kann man ihn als Kampfbegriff kennzeichnen, der eine bestimmte Form von Spielen ganz bewusst diskreditiert: Ein Killerspiel ist ein Spiel, in dem es nur ums Töten geht. Je nach eigener Perspektive können das sehr viele Spiele sein. In der Killerspiel-Debatte haben sich vorwiegend Politiker, Kirchenvertreter und einige besonders kritische Wissenschaftler zu Wort gemeldet, insbesondere nach den Schulamokläufen in Erfurt (2002) und Winnenden (2009). Interessant ist, dass die Debatte in Deutschland nicht der Sorge um Kinder entsprang, sondern sich ganz bewusst mit Jugendlichen und jungen Erwachsenen auseinandersetzte. Dabei machte sie Anfang der 2000er-Jahre gewisse Anleihen an dem, was wir bereits als Moralische Panik beschrieben haben: Anhand dramatischer Einzelfälle wird ein gesamtgesellschaftliches Problem skizziert, das eigentlich durch den bestehenden Jugendmedienschutz verhältnismäßig gut beherrschbar ist.

Ein *Moral Entrepreneur* zum Thema Killerspiele findet sich in den Reihen des öffentlich-rechtlichen Fernsehens. Die Beiträge des ZDF-Magazins „Frontal 21" und insbesondere die Arbeiten des Journalisten Rainer Fromm (*Digital Spielen – Real Morden*, 2002) zeichnen ein ausgesprochen negatives Bild von Computerspielen. Die Beiträge „Videogemetzel im Kinderzimmer" (Frontal 21, 09.11.2004) und „Gewalt ohne Grenzen" (Frontal 21, 26.04.2005) sind voll von gewalthaltigen Videospielinhalten und zeichnen ein Bild scheinbar einzig an Gewalt interessierter Computerspieler. Einige engagierte Beobachter haben es sich zur Aufgabe gemacht, die Fehler in der Berichterstattung der Magazine aufzuzeigen. Bekanntheit erzielte hier Matthias Dittmayer, ein 21-jähriger Computerspieler, der 2007 ein YouTube-Video veröffentlichte, in dem er Fehler in der Recherche verschiedener Magazinformate des öffentlich-rechtlichen Rundfunks bloßlegte. So zeigte er, dass die in den Beiträgen genannten Beispiele sich u. a. auf in Deutschland nicht erhältliche

5 Das Computerspiel im Spiegel der Gesellschaft

Spiele bezogen und dass Beschreibungen von Computerspielen schlicht und einfach falsch waren. Ein bekanntes Beispiel hierzu ist die *Grand Theft Auto*-Reihe (ab 1997), die in der Diskussion immer wieder als Beleg für die moralische Verrohung durch Computerspiele herangezogen wird. In der Tat spielt man die Rolle eines Gangsters, der vor keinerlei Gewalt zurückschreckt, der mit Baseballschläger oder Maschinengewehr sinnlose Gewalt ausüben kann. Was jedoch in der Berichterstattung vielfach übersehen wird, ist, dass diese Gewalt meist zu einem schnellen Ende des Spiels führt. Der Spieler landet im Gefängnis und muss neu starten.

Das Problem solcher Spiele ist, dass es sich um sogenannte Open-World-Spiele handelt. Man kann in dieser Welt relativ frei tun und lassen, was man will. Man kann der Handlung folgen, aber auch einfach nur durch die Stadt fahren und einem der vielen Radiosender zuhören, die sich in durchaus ironischer Weise auch mit aktuellen gesellschaftlichen Themen beschäftigen. Man kann Dart oder Bowling spielen, den Sonnenuntergang bewundern oder eben Autos klauen, Fußgänger überfahren (was aufgrund der Steuerung bei Anfängern zwangsläufig geschieht) oder Menschen verprügeln. Gerade solche Gesetzesübertretungen führen jedoch dazu, dass die Polizei auf die Spielfigur aufmerksam wird und als Konsequenzen die Gefangennahme des Spielers oder gar das Spielende drohen.

In *Red Dead Redemption* (ab 2010), einer Spielreihe der gleichen Entwickler mit einem Setting im Mittleren Westen der USA zur Jahrhundertwende, wird gesetzkonformes Verhalten mit freundlichen Grüßen der Bewohner beantwortet. Wer dagegen mordend durchs Land zieht, wird gemieden, und auch die Gesichtszüge der Spielfigur verändern sich. In solchen Open-World-Spielen sind viele Dinge möglich, dank der „Hot-Coffee-Mod" im Spiel *GTA: San Andreas* (2004) auch plötzlich virtueller

Geschlechtsverkehr. Dabei handelte es sich um ein Minispiel, in dem die Hauptfigur virtuellen Sex mit einer Freundin haben konnte. Dieser Modus war von den Entwicklern zwar eingebaut, aber nicht aktiviert. Er gehörte also nicht zum Spiel und konnte erst durch das Einspielen eines zusätzlichen Inhalts (Mod = Modifikation) freigeschaltet werden. Dieses versteckte Minispiel wurde in der Berichterstattung oftmals zum Beleg dafür, dass der Spieler in *GTA: San Andreas* für die Vergewaltigung von Spielfiguren Punkte erhielt. Die Bilder – zwei (bekleidete) Spielfiguren im virtuellen Geschlechtsverkehr – passten, aber der Kontext war ein vollkommen anderer.

Der Ablauf einer Moralischen Panik scheint immer gleich zu sein. Meist sind es die etablierten Massenmedien, die das Thema Computerspiele aufgreifen. Sie berichten von den Gefahren und wie diese Spiele geeignet sind, die vermeintlich schützenswertesten Mitglieder der Gesellschaft, Kinder und Jugendliche, zu verderben. Zurückgegriffen wird dann auf Experten, die mit ihren Aussagen die Gefahr untermauern. Ob in den USA oder Deutschland – die Akteure sind unterschiedlich, aber die Muster sind gleich. Dabei sind Gewaltspiele und auch die Abhängigkeit von Computerspielen, der wir uns nun kurz widmen werden, real existierende und wissenschaftlich zu ergründende Probleme. Hinter den in den Debatten erhobenen Forderungen aber stehen gesellschaftliche Interessen, die weit über die eigentliche Tragweite des Problems hinausgehen.

Computerspiele, Schulleistungen und Sucht

Die Debatte zum Thema Computerspielsucht hat nicht ganz so viel gesellschaftliche Beachtung erhalten wie die Debatte zum Thema Killerspiele. Es finden sich aber ähnliche Muster: „14-Jähriger rastet nach Netz-Entzug voll-

5 Das Computerspiel im Spiegel der Gesellschaft

kommen aus" titelt *Bild*, und in regelmäßigen Abständen folgt ein Bericht von einem Spieler, meist aus Asien, der nach stundenlangem Spielen zusammengebrochen und gestorben ist. Computerspielsucht wird als Krankheit gesehen, und Ratgeber versprechen betroffenen Eltern Hilfe. Dabei handelt es sich um ein vermutlich noch komplexeres Themenfeld als beim Thema Computerspiele und Gewalt.

Mittlerweile gibt es in Deutschland, u. a. an der Uniklinik in Mainz, Einrichtungen, die sich mit Computerspielabhängigen beschäftigen. In der 11. Version der International Statistical Classification of Diseases and Related Health Problems (ICD) ist Computerspielsucht (online/offline) nun als mentale Verhaltens- und Neuroentwicklungsstörung definiert, was die Abrechnung von Therapien deutlich erleichtert hat. Dennoch wird immer wieder auf die Verbindung von Computerspielsucht und weiteren psychischen Erkrankungen, insbesondere Depression, hingewiesen.

Ein Problem ist also durchaus gegeben. Es handelt sich aber keineswegs um eine Epidemie oder ein rapide um sich greifendes Phänomen. Zu sagen, wie häufig das Phänomen überhaupt vorkommt, ist schwierig. Ferner setzt eine Computerspielsucht auch eine langanhaltende (12 Monate) Beeinträchtigung des sozialen Lebens voraus. Schätzungen auf der Grundlage von hochgerechneten Befragungsdaten ergeben oft, dass womöglich Zehntausende Schüler von Computerspielsucht gefährdet sind. Maßstab ist manchmal jedoch nur, dass diese mehr als 4,5 h am Tag spielen. Solide Daten zur Häufigkeit von Computerspielsucht sind, gerade aufgrund des langfristigen Charakters, schwierig.

Computerspiele und gerade Onlinespiele sind ohne Zweifel große Zeitfresser – Zeit, die besser oder auch schlechter anderweitig investiert werden kann. Trotz gelegentlich lauter Meldungen können wir aber nicht von einer um sich greifenden Epidemie der exzessiven, abhängig machenden Computerspiele berichten. Es gibt Fälle, in denen Computerspielnutzung durchaus krankhafte, pathologische Muster aufweisen kann. Glücklicherweise bestehen für diese Betroffenen Therapieangebote, die nicht nur darauf setzen, das Computerspiel aus dem Leben der Menschen zu verbannen, sondern die Wurzeln des Problems angehen. Für viele ist die Computerspielabhängigkeit nämlich nur Ausdruck einer dahinterliegenden psychischen Erkrankung. Für andere aber kann das Computerspiel auch durchaus der letzte noch fehlende Auslöser einer ernsthaften psychischen Erkrankung sein.

Eng verbunden mit der Debatte um Gewalt und Sucht ist die Besorgnis, Computerspiele führten zu einem Leistungsverfall der Schüler. Der PISA-Schock saß tief in Deutschland, und die Suche nach den Schuldigen ging auch nicht an den Computerspielen spurlos vorüber. Auffällig ist aber, dass sich diese Debatte kaum in der klassischen Medienberichterstattung wiederfindet. Artikel zum schädlichen Einfluss von Computerspielen auf Schulnoten sind deutlich seltener zu finden als Beiträge zu den Themen Sucht und Gewalt. Aus wissenschaftlicher Perspektive ist dieses Problem jedoch mindestens ebenso relevant wie die Suchtthematik. Ein Problem scheint jedoch zu sein, dass Computerspiele zu Schuldigen für schlechte Noten zu machen, sich als ungleich schwieriger erweist als sie mit Gewalt in Verbindung zu bringen. Schlechte Noten – dafür mag es tausend Gründe geben. Kap. 6 wird sich kurz dem Forschungsstand hierzu widmen.

#gamergate: Computerspiele und Sexismus

Die Blütezeit der kontroversen Diskussionen über Computerspieler und ihr Hobby scheint mittlerweile vorbei zu sein. Ob Gewalt, Sucht oder Schule, man hat sich an die Berichterstattung gewöhnt, und selbst der Killerspiel-

5 Das Computerspiel im Spiegel der Gesellschaft

Begriff wird kaum noch verwendet. Computerspiele scheinen tatsächlich in der Mitte der Gesellschaft angekommen. Doch im Jahr 2014 machten sich einige Spieler (wobei hier bewusst von männlichen Spielern zu sprechen ist) selbst daran, das Medium Computerspiele in ein negatives Licht zu rücken. Was sich zunächst in den verschiedenen Sozialen Medien, dann auch in den traditionellen Medien von der *New York Times* bis zu diversen Fernsehsendern abspielte, wurde mit dem Hashtag (#) gamergate bezeichnet. *#gamergate* begann als eine Auseinandersetzung zwischen Spielern und Spieljournalisten. Ein Browser-Spiel der Entwicklerin Zoe Quinn sei von der Spielpresse zu gut bewertet worden. Die Debatte entzündete sich an Aussagen ihres Ex-Freunds Eron Gjoni, einem Spieljournalisten. Schnell entstand ein virtueller Streit, der sich darum drehte, dass sich Entwicklerinnen durch ihre Beziehungen mit Journalisten gute Spielbewertungen erschlichen. Was zunächst wie ein gesellschaftlich wenig relevantes Beziehungsdrama wirkte, erhielt zusätzlichen Auftrieb durch die Feministin Anita Sarkeesian. Über die Plattform Kickstarter, bei der Menschen sich an Projekten anderer finanziell beteiligen können, hatte Sarkeesian 160.000 Dollar eingeworben, um eine Dokumentation über Sexismus in der Computerspielbranche zu drehen – das war 20-mal mehr, als sie eingeplant hatte. Es entstand eine Moralische Panik ganz anderer Art: Meist männliche Spieler sahen ihr Hobby bedroht von Spielentwicklerinnen und Feministinnen wie Sarkeesian, die sich ihrer Meinung nach auf einem Kreuzzug befanden, Computerspiele zu verweiblichen. Anstatt männlicher Helden und actionlastiger Storys sollten „Frauenthemen" die Spiele beherrschen, und die gesamte – männlich dominierte – Branche werde von Frauen unterwandert.

Die Reaktionen waren heftig. Entwicklerinnen wie Quinn, aber auch Forscher und Forscherinnen, die sich Computerspielen aus Sicht der Geschlechterforschung widmeten, erhielten Mord- und Vergewaltigungsdrohungen. Die Massenmedien griffen die Fälle auf und berichteten. Die International Communication Association, der Verband kommunikationswissenschaftlicher Forscher und Forscherinnen, sah sich genötigt, einen Unterstützungsaufruf für ihre Mitglieder, die sich aus Sicht der Geschlechtsforschung mit Computerspielen beschäftigten, zu starten, da auch diese sich massiven, meist anonymen Bedrohungen ausgesetzt sahen. *#gamergate* blieb vor allem ein amerikanisches Phänomen und erreichte in Deutschland wohl nur eine interessierte Minderheit in den Feuilletons, stellt aber doch ein spannendes Diskussionsfeld zum Thema Computerspiele dar. An der Skandalisierung zeigte sich, welchen Weg Computerspiele noch gehen müssen, um gesellschaftlich als Massenmedium anerkannt zu werden.

Wie bei allen Moralischen Paniken, so verbirgt sich auch hinter *#gamergate* ein grundlegendes Problemfeld. Diesmal waren die Spieler nicht die Folk Devils, die Schuldigen, sondern sie spielten sich selbst zu den Moral Entrepreneurs auf, zu denjenigen, die das vermeintlich wahre Computerspiel vor dem zersetzenden Einfluss der Feministinnen verteidigten. Das Problem, das dabei zutage trat, war, dass die Computerbranche insgesamt klar nach Geschlechtern getrennt ist. Obwohl Spielerinnen unter den Nutzern inzwischen stark vertreten sind, sind die Core-Gamer, diejenigen, die viel Zeit mit ihrem Hobby verbringen, größtenteils männlich. Die Spieler der großen Titel – von *Grand Theft Auto* über *Halo* (ab 2001) bis zu *Call of Duty* (ab 2003) oder *FIFA* (ab 1993) – sind männlich. Hier handeln maskuline Action-Figuren, und dies wird zunehmend kritisiert. Allerdings verändert sich die Spielwelt auch – wenngleich sehr langsam. War Lara Croft zunächst nur ein männliches Fantasieprodukt mit Körpermaßen, die so in der Realität kaum lebensfähig wären, hat sich die Figur als Charakter weiterentwickelt. Populäre Spiele wie die *Mass*

5 Das Computerspiel im Spiegel der Gesellschaft

Effect-Reihe boten auf einmal die Möglichkeit, weibliche Hauptfiguren zu gestalten, und bauten Beziehungen mit anderen Spielfiguren beiderlei Geschlechts ein. Die *The Witcher*-Reihe (ab 2007) erlangte 2015 Bekanntheit durch eine erste offen homosexuelle Nebenfigur, mit der Beziehungen möglich waren. In der neuesten Folge der *Saints Row*-Reihe (ab 2006) ist es möglich, einen non-binären Avatar zu erstellen. Solche Veränderungen sind aber nicht immer beliebt bei Spielern. Die Fortsetzung des Erfolgsspiels *The Last of Us* (2014), *The Last of US II* (2020), führte kurz vor Veröffentlichung zu einer heftigen Debatte im Online-Forum Reddit, als bekannt wurde, dass die weibliche Hauptfigur eine gleichgeschlechtliche Beziehung eingehen würde und es verschiedene non-binäre Nebenfiguren geben sollte. Einige – meist männliche – Spiele forderten gar einen Boykott des Spiels. Der Kampfbegriff der „Wokeness" macht die Runde.

In der Branche dominieren weiterhin Männer. Entwicklerinnen stellen noch eine Ausnahme dar. Gleichwohl wollen sie das Medium voranbringen. Dies alles sorgt bei der männlichen Kernzielgruppe für Ängste, dass sich ihr Medium wandeln könnte. Man könnte meinen, sie befürchten, dass es die Angriffe der Gegner wegen vermeintlicher Gewaltwirkung und Suchtgefahr nur überlebt hat, um dann durch einen feministischen Angriff besiegt zu werden. Auf der anderen Seite finden sich engagierte Spielerinnen, die sich nun auch endlich Gehör verschaffen und die Industrie verändern wollen: weg vom „Boys-Business" hin zu einem Medium für alle, Männer, Frauen, Homo- und Heterosexuelle und Menschen aller Herkunft und Hautfarben. In der Tat sind Computerspiele, trotz aller Entwicklungen, auch heute noch erschreckend eindimensional: Der männliche, weiße, westliche und muskelbepackte Held ist nicht mehr allein, aber er herrscht bei vielen Titeln weiter vor. *#gamergate* zeigte erstmals, wie klassische Computerspiele selbst zum Bewahrer des Althergebrachten werden konnten und welchen Weg das Medium selbst noch zu gehe hat, um sich zu einem normalen Massenmedium für alle zu entwickeln.

Damit verbunden ist auch eine weitere Debatte, die nicht direkt mit Computerspielen, sondern mit den von Spielern genutzten Kommunikationskanälen zu tun hat. Spieler tauschen sich auf Plattformen wie Reddit oder dem gerade während der Pandemie bekannt gewordenen Kommunikationsdienst Discord über ihre Spielerfahrungen aus – aber nicht nur darüber, sondern auch über ihre Vorstellungen von Gesellschaft. Foren, die vielfach von jungen Männern bevölkert werden, entwickeln dann auch Tendenz zu kritischen Themenstellungen, und sowohl Reddit- als auch Discord-Foren werden immer wieder als frauenfeindlich und rassistisch bezeichnet.

Jan Böhmermann, Online-Casinos und das perfekte Fußballteam

In einer am 16.09.2022 erstmals ausgestrahlten Folge des *ZDF Magazin Royals* erklärt der Satiriker Jan Böhmermann: „Das Spiel ist kostenlos, genau wie meine erste Spritze Heroin," Scheinbar greift Böhmermann die bekannte und kritisch zu sehende Gleichsetzung von Computerspielen und Suchtmitteln auf. Die Sendung setzt dann aber den Schwerpunkt auf den ersten Teil des Satzes: Die vermeintliche Kostenlosigkeit des Spielens.

Schon vorher haben sich Böhmermann und sein Team mit vergleichbaren Thematiken auseinandergesetzt und einen kritischen Blick auf das Spiel *Coin Master* (2015) geworfen oder die Regeln des Online-Glücksspiels in Deutschland unter die Lupe genommen. Ist Jan Böhmermann also nur die humorvolle Variante der mahnenden ZDF-Stimme Rainer Fromms aus der Killerspieldebatte?

5 Das Computerspiel im Spiegel der Gesellschaft

Die durchaus empfehlenswerte Episode des *ZDF Magazin Royal* „In Game-Käufe – Abzocke ohne Alterbeschränkung" verweist aber – teils satirisch überspitzt – durchaus treffend auf einige aktuelle Probleme der Gamesbranche, die anderweitig nur wenig zur Sprache kommen. Böhmermanns Episode zu *Coin Master* hat bereits zu rechtlichen Konsequenzen geführt. Kap. 4 hat bei der Darstellung der drei Fallbeispiele *Gwent* (2016), *Roblox* (2006) und *Fortnite* (2017) auf das Problemfeld hingewiesen: Die Herausforderung durch neue Bezahl -und Erlösmodelle in Computerspielen.

So wurde bereits aufgezeigt, wie die Free-To-Play-Mechanik dazu führt, Herausforderungs- und Belohnungsstrukturen in Spiele zu schaffen, die dafür sorgen, dass Computerspieler möglichst lange einem Spiel treu bleiben. Dies kann die Computerspielsuchtdebatte anfachen, viel offensichtlicher ist jedoch die Verbindung zu In-Game-Käufen. Gerade Spiele auf Smartphones sind oftmals recht kurz in Spielrunden angelegt, wie auch bei *Gwent* beschrieben. Dies könnte die Suchtgefahr eher verringern. Sie sind aber so ausgerichtet, dass die Notwendigkeit, Geld für das Spiel auszugeben, steigt. Böhmermann macht dies an *Merge Dragons!* (2017) deutlich, in dem neue Level nur durch Ressourcen freigeschaltet werden können, die man durch Warten oder ein ähnlich komplexes Währungssystem aus fantastischen Gegenständen wie bei *Gwent* erhält.

Früher galt in der Spielebranche bei solchen Free-To-Play-Spielen die Regel, dass nur wenige Prozent der Spieler überhaupt Geld für ein Spiel ausgaben und so vielleicht 2 % aller Spieler alle anderen mitfinanzierten. In der Branche hat sich dabei der Begriff des „Whale" (zu deutsch Wal) etabliert. Wale sind Spieler, die so viel Geld in einem Free-To-Play-Spiel ausgeben, dass sie es damit finanzieren. Wale sind selten, doch wenn man sie „erlegt", hat man als Fischer erstmal ausgesorgt, so die Metapher. Wie viele Spieler Geld für ein vermeintliches Free-To-Play-Spiel ausgeben, ist ein oftmals gut gehütetes Geheimnis. Der Branchenwert von wenigen Prozent mag für einige einfache Smartphone-Spiele weiterhin gelten, bei komplexeren Spielen wie *Fortnite* oder *Roblox* dürften die Anteile deutlich höher sein, was man auch an den teils milliardenstarken Umsätzen sieht. Was aber weiterhin gilt: Einige Wale geben besonders viel Geld für ein Spiel aus. Die Verfügbarkeit von In-Game-Käufen und vor allem die Vielfalt an Möglichkeiten, Geld auszugeben (siehe die Beispiele in *Gwent*) sorgen dafür, dass Menschen unterschiedliche Bedürfnisse mit Hilfe von In-Game-Käufen befriedigen können: Besseres Aussehen, Status, Zusatzmodi, besserer Spielfortschritt – alles ist kaufbar. Konnte man vor wenigen Jahren noch ein Spiel für einen fixen Betrag verkaufen und allenfalls durch Premium- oder Sonderausgaben sowie wenige Zusatzinhalte, sogenannte DLC (Downloadable Content), zusätzliches Geld verdienen, sind die Grenzen bei Spielen wie *Gwent, Fortnite, Roblox* oder auch *Merge Dragons!* offen. Es ist leicht möglich, mehrere hundert oder tausend Euro für die Nutzung eines Spiels auszugeben. Damit kann die Zahlungsbereitschaft noch besser ausgenutzt werden.

Werden Kinder und Jugendlichen zu Walen für ein Computerspiel, wird dies zu einem besonderen Problem des Jugendmedienschutz. Immer wieder erscheinen spektakuläre Medienberichte in den USA, Großbritannien oder auch Deutschland, dass Teenager zigtausende Dollar, Pfund oder Euro mit Kreditkarten der Eltern in den Spielen wie *Fortnite* ausgegeben haben. Solche Meldungen sind gerade in der Boulevard-Presse beliebt, sie verschleiern aber das eigentliche Problem: Zu solch horrenden Summen kann es nur kommen, wenn Minderjährige vollen Zugang zu den Konten der Eltern haben und die Kontrolle an dieser Stelle versagt hat. Vermutlich problematischer ist die Vielzahl der Kinder, die einen Großteil ihrer eigenen Ersparnisse (meist

5 Das Computerspiel im Spiegel der Gesellschaft

deutlich kleinere Summen) in die Spiele investieren und gar nicht mehr merken, wie viel Geld letztlich im Laufe der Zeit in ein Spiel geflossen ist.

Aus Sicht des Jugendmedienschutzes kommt es aber zu einem weiteren Problem: Nicht jede Art und Weise, Geld im Spiel auszugeben, ist gleich legitim, um nicht zu sagen legal. In einer Vielzahl an Spielen haben sich mittlerweile Bezahlpraktiken entwickelt, die auch aus juristischer Sicht kritisch gesehen werden. Ein besonders plastisches Beispiel ist das von Jan Böhmermann schon 2019 thematisierte *Coin Master*. Es steht dabei stellvertretend für einige Smartphone-Spiele, die sich sehr eng an der Logik von Automaten-Glücksspielen anlehnen. Ziel ist es, ein virtuelles Dorf aufzubauen. Dies geschieht mit virtuellem Geld, das man über eine Art Slot-Maschine, einen einarmigen Banditen, per Zufall erhält. Die Anzahl der Versuche pro Stunde kann man durch die Zahlung von Euro erhöhen. Letztlich stellt eine solches Erlösmodell eine verkappte Form des Glückspiels dar – jedoch ohne realweltliche Gewinne. Die grafische Darstellung ist dabei bunt und kindgerecht. Böhmermanns Sendung hat dazu geführt, dass einige Stellen die Prüfung des Spiels bei der Bundesprüfstelle für Jugendgefährdende Medien (seit 2021: Bundeszentrale für Kinder- und Jugendmedienschutz) eingereicht haben. Im Jahr 2020 wurde das Spiel aber aufgrund der nicht realweltlichen Gewinnmöglichkeiten nicht als Glückspiel bewertet und damit nicht indiziert. Die App-Stores haben jedoch selbst die Altersgrenze für dieses Spiel erhöht. Das Thema „Glückspielmechaniken" ist in die Debatte des Jugendmedienschutz aufgenommen worden.

Handelt es sich bei *Coin Master* um ein kleines Smartphone-Spiel, traf es 2023 mit der Fußball-Simulation *FIFA* eines der erfolgreichsten Spiele der letzten Jahrzehnte. Seit 2023 sind sogenannte FIFA-Packs für den Spielmodus *FIFA Ultimate Team* (*FUT*) in Österreich als illegales

Glücksspiel rechtskräftig verboten – ähnliche Urteile gab es auch bereits in anderen Ländern, nicht jedoch in Deutschland. Was sind jedoch FIFA-Packs und warum könnten sie illegales Glückspiel sein?

Hierzu lohnt es sich, einen Blick zurück zu *Gwent* zu werfen. Bei *Gwent* ersteht man Karten über Fässer, die fünf zufällige, aber nach bestimmten Regeln zusammengesetzte Karten enthalten. Dies ist eine sogenannte Loot-Box. Loot stammt aus dem Gaming- Jargon und bezeichnet die Beute nach einem Raubzug im Rollenspiel oder Shooter. Gegner „droppen" solches Loot – sie lassen es liegen, wenn sie besiegt wurden. Dieser Mechanismus bestimmte schon lange Computerspiele: Besiegte man ein Monster, hinterließ es eine zufällige Anzahl an Gold oder Waffen. Je stärker es war, desto höher die Wahrscheinlichkeit, auch eine besonders gute Waffe zu erhalten. Mittlerweile ist dieses Modell auf nahezu alle Smartphone-Spiele übertragen worden. In seiner Extremform wird es als Gacha bezeichnet. Gacha ist eine Form des japanischen Glückspiels – Belohnungen nach Erfolg werden zufällig ausgewürfelt, und es gibt vielfältige Möglichkeiten, den Zufall zu beeinflussen. Höhere Level erlauben es, häufiger zu würfeln oder zu entscheiden, welches Loot man behält oder nicht. Bei *Gwent* erhöht sich die Anzahl seltener Karten im Loot (den Fässern). Seit den 2010er-Jahren sind Gacha-Mechaniken Bestandteil der japanischen Spielkultur – im Rest der Welt aber wegen der kompletten Ausrichtung auf diese Glückspielvariante eher verpönt bzw. verboten. China beispielsweise hat gesetzliche Regelungen erlassen, dass bei solchen Spielen ersichtlich sein muss, wie wahrscheinliches es ist, über ein erkauftes Loot einen bestimmten Spielgegenstand zu bekommen.

Was aber auch im Westen Verbreitung gefunden hat, sind Teilelemente aus der Gacha-Logik, vor allem Loot-Boxen, die als käuflicher In-Game-Content zu nutzen sind. Eingeführt wurde solch ein Beispiel nun bei *FIFA 2021* im

FUT-Modus. Dieser Modus ist eine Abwandlung des klassischen Spiels. Konnte man bei *FIFA* schon immer die Mannschaften der 1. und 2. Bundesliga, der spanischen oder gar australischen Liga gegeneinander antreten lassen, erlaubt *FUT,* eine eigene Mannschaft zusammenzustellen. Dazu spielt man – genau wie bei *Gwent* – gegen zugeloste menschliche Gegner. Das eigene Team erhält man in einer Loot-Box – man bekommt elf zufällig ausgewählte Spieler. Darunter kann Manuel Neuer als Torwart sein, was sehr unwahrscheinlich ist, oder ein beliebiger Ersatzverteidiger aus einer unbekannten Liga. Siegt man mit dieser Mannschaft, erhält man die Möglichkeit, weitere Packs zu erstehen, und die Chance auf bessere Spieler. Oder man investiert viel Geld in solche Packs. 2023 konnte man Bronze-, Silber- und Gold-Packs erwerben – ein Gold-Pack kostete im Spiel so viel wie zehn Bronze-Packs oder zwei Silber-Packs. Topspieler bekommt man nur in den Gold-Packs. Je besser der Spieler, desto geringer aber die Wahrscheinlichkeit. Ein Spieler muss also viele Gold-Packs – für gut 1,25 € – kaufen, um seine Wunschmannschaft zu erhalten, wenn die Wahrscheinlichkeit für Spieler bei wenigen Prozent oder gar Promille liegt. Besondere Spieler – wie Neymar, Messi oder Manuel Neuer – gibt es dann aber nicht nur in einer Version, sondern auch noch mit unterschiedlichen Spielstärken. Jan Böhmermann hat diese Spielmechanik in seinem Video besonders plastisch herausgestellt.

Für die Spieler ergibt sich das Problem, das bereits im Fallbespiel *Gwent* aufgezeigt wurde: Das Spiel muss attraktiv sowohl für alle bleiben, die kostenlos spielen, als auch für diejenigen, die bereit sind, viel Geld zu investieren. *FUT* ist dies nicht immer gelungen, und das Spiel wird durchaus kontrovers gesehen.

Interessanterweise stellt das Problem solcher Mechaniken für den deutschen Jugendmedienschutz, der sich oftmals einer besonderen Strenge rühmt, aber eine große Herausforderung dar. Das Problem ist, dass der Jugendmedienschutz stark auf das Thema Gewalt ausgerichtet ist und Spiele weiterhin als einheitliches Medienangebot versteht, das in seiner Gänze geprüft werden kann und idealerweise als Trägermedium vorliegt. Online-Spiele, die mit unterschiedlichen Spielmodi und Kaufoptionen ausgestattet sind, lassen sich nur schwer einordnen. Rechtlich wurde nun geklärt, ob in Loot-Boxen ein Glücksspiel nach der Definition des Staatsvertrages zur Neuregulierung des Glücksspielwesens in Deutschland (GlüStV 2021) vorliegt. Dazu muss ein nennenswerte Geldbetrag eingesetzt werden und ein Verlustrisiko bestehen. Bezahlt man in In-Game-Währung, wird kein Geldbetrag eingesetzt. Wird jedoch direkt per Kreditkarte bezahlt, stellt sich die Frage, ob ein Verlust auftreten kann. Da man aber auf jeden Fall etwas als Gegenwert erhält, ist es, so die juristische Ansicht, kein Glücksspiel, sondern eine Art Kauf. Wenn nun dieser Gegenwert allerdings monetär berechenbar wäre, könnte es ein Verlust sein – was problematisch wird, wenn Karten oder Accounts für Echtgeld verkauft werden können. Dann ließe sich nämlich der monetäre Wert einer Loot-Box bestimmen. Diese offene Frage wird in verschiedenen Ländern jedoch unterschiedlich beantwortet, weshalb käufliche Loot-Boxen in Deutschland (noch) legal sind, in Österreich aber verboten.

Eine weitere Reform des Jugendmedienschutzgesetzes hat dazu geführt, dass seit Januar 2023 die USK neue Prüfkriterien eingeführt hat. Neben inhaltlichen Darstellungen wird nun auch die Möglichkeit von In-Game-Käufen, Loot-Boxen und Chats in Spielen in die Risikobewertung einbezogen. Das Spiel *EA Sports FC 24* (2023), der neue Titel der FIFA Reihe, hat daher die Alterskennzeichnung „ab 12 Jahren" erhalten, während die Vorgänger ab 0 Jahren freigegeben wurden. Ebenso gelten nun auch verbindliche

Alterskennzeichen für online-basierte Spiele. Grenzen hat der Jugendmedienschutz aber dann wieder, wenn es sich bei Spielen um ganze Spielumgebungen wie bei *Fortnite*, *Roblox* oder *Minecraft* handelt, die vom Angebot her kaum noch zu überschauen sind und in denen die Inhalte meist von den Nutzern selbst kommen.

Glücksspielmechanismen werden also noch länger eine Herausforderung für den Jugendschutz darstellen und können als eines der größten, bislang noch eher wenig thematisierten Probleme der Computerspielentwicklung gesehen werden. Es bleibt aber zu hoffen, dass die Gamer selbst hier als regelnde Instanz eingreifen, denn wenn ein Verkaufsmodus den Spielspaß zu sehr einschränkt, dann wechseln sie auch sehr schnell das Spiel. So finden sich unzählige Rezensionen im Google Playstore, die sinngemäß sagen: Das Spiel war gut, aber es hat mich zu schnell gezwungen, Geld auszugeben, da hat es keinen Spaß mehr gemacht, und ich habe es gelöscht!

Von Eingeborenen und Einwanderern: Computerspiele als Lernmedium

Wie lernen heutige Kinder und Jugendliche? Sind die traditionellen Lernformen noch angemessen, oder muss Bildung heute digital stattfinden? Schließlich handelt es sich bei den nach 1990 Geborenen ja um *Digital Natives*, denen digitale Technologie geradezu in die Wiege gelegt wurde. Der Begriff der *Digital Natives* war (und ist es vielleicht auch immer noch) in den Massenmedien beliebt, in der Forschung diskutiert und erweist sich insgesamt als schöne Metapher. Diese ist jedoch mit Leben zu füllen. Im Jahre 2001 prägte der US-amerikanische Lehrer Marc Prensky diesen Begriff. In der Tat lässt sich etwa ab der Jahrtausendwende beobachten, dass Kinder und Jugendliche ganz anders als ihre Eltern mit digitaler Technologie umgehen. Sie kennen keine Zeit, in der es kein Internet gab, in der Computer nur etwas für Unternehmen waren und in der in Kinderzimmern allenfalls ein Kassettenrecorder stand. Sie eigneten sich diese neue Technologie schnell, frei und spielerisch an. Sie spielten am Computer, an der Konsole oder am Handy, während ihre Eltern sich noch Klebezettel mit den wichtigsten Nummern auf ihre Handys klebten, weil sie den internen Speicher nicht bedienen konnten. Letztlich zeichnet die Unterscheidung zwischen *Digital Natives* und *Digital Immigrants* jedoch ein verzerrtes Bild unserer digitalen Gesellschaft. Auch heute noch ist es nicht so, dass Kinder und Jugendliche, nur weil sie mit bestimmten Medien aufgewachsen sind, zwangsläufig auch kompetent mit diesen umgehen. Sie konnten zwar den Videorecorder besser bedienen als ihre Eltern, doch ob die Filme, die sie damit schauten, förderlich für ihre Entwicklung waren, mag bezweifelt werden. Genauso waren sie vielleicht geschickter darin, ein Computerspiel auf einem alten PC zum Laufen zu bringen. Daraus Programmierfähigkeiten abzuleiten, die ihnen den Weg in die IT-Branche öffnen, kann als nur zu optimistische Wunschvorstellung gesehen werden. Auch die älteren Spieler waren keineswegs nur Einwanderer in die digitale Welt, die mit neuer Technologie nichts anzufangen wussten. Die erste Generation hatte bereits in den 1980er-Jahren mit Atari-Konsolen und C64 digitale Technologie kennengelernt. Und die ersten Digital Natives sind mittlerweile oftmals selbst schon zu Eltern geworden. Was aber bleibt, ist der Befund, dass sich für Kinder und Jugendliche in einer von digitalen Medien durchdrungenen Welt auch besondere Herausforderungen für das Lernen ergeben. Hier könnten in der Tat Computerspiele eine wichtige Rolle spielen. Wie verändert sich aber Lernen und Wissenserwerb durch Computerspiele? Welche Hoffnungen bestehen?

So wie es vielfältige Kritik an Computerspielen gibt, so finden sich auch lautstarke Vertreter, die mit Hilfe von Computerspielen nicht weniger als eine Revolution des Lernens versprechen. Was lernt man jedoch von einem Computerspiel? Die Antwort hierauf ist so simpel wie ernüchternd: Man lernt ein Spiel zu spielen, nicht mehr und nicht weniger. Spielt man einen Flugsimulator zum ersten Mal, wird man kaum in der Lage sein, die vielen Anforderungen richtig und vor allem rechtzeitig zu bewältigen. Das Spiel endet meist kurz nach der Startbahn. Auf Amazon.de befindet sich beim Spiel *StarCraft II* (ab 2010) eine sehr belächelte Bewertung, die dem Spiel nur einen von fünf Sternen zugesteht, weil der Käufer auch nach 30 min Spielen keine Erfolge erzielt. Das Spiel sei unspielbar und viel zu schwer. Dabei gilt es unter Nutzern als eines der am besten „gebalanceten" Strategie-Spiele, also als ein Spiel, in dem der Schwierigkeitsgrad und vor allem die unterschiedlichen Stärken und Schwächen der Einheiten, nahezu perfekt aufeinander abgestimmt sind. Man muss nur „lernen" es zu spielen, und dieses Lernen dauert deutlich länger als eine halbe Stunde, teilweise Wochen oder Monate. Egal ob ein Flugsimulator, das Strategie-Spiel *StarCraft II*, ein beliebiges Lernspiel, *Pokémon* (ab 1996) oder eine Runde Solitär am Computer – am Anfang stellt man sich noch ungeschickt an, um dann mehr und mehr die Regeln zu verstehen und immer schwierigere Aufgaben zu bewältigen. „Easy to learn, hard to master" ist die zentrale Maxime für Game-Entwickler (siehe Kap. 4): möglichst am Anfang die Grundzüge verstehen, sich dann aber lange damit auseinandersetzen, um besser zu werden.

Was man also beim Computerspielen lernt, ist zunächst einmal, das Spiel besser spielen zu können. So wie Computerspiele ausgelegt sind, sollte dies den Nutzern Spaß machen, und sie sollten sich gerne und freiwillig damit auseinandersetzen. Die Forschung spricht hier von intrinsischer Motivation, die keiner Belohnung oder Aufforderung von außen bedarf. Wäre es nun nicht erstrebenswert, wenn Kinder und Jugendliche (aber auch Erwachsene) sich mit der gleichen Motivation den ernsteren Dingen des Lebens widmeten, wenn sie also auch andere Dinge intrinsisch motiviert lernten, und könnten Computerspiele hierbei nicht eine entscheidende Rolle spielen?

In der Tat besitzen Computerspiele viel Potenzial für ein anderes Lernen. *Serious Games* versuchen folglich, den Spaß und die Spannung von Computerspielen mit ernsten (Lern-)Themen zu verbinden. Hierzu ist ein großer Markt entstanden, und kaum eine Lernsoftware für Kinder kommt noch ohne spielerische Elemente aus. Im einfachsten Fall verwenden diese Programme sie als Belohnung für den Lernerfolg: Wer Vokabeln mit *Ritter Rost* gelernt hat, kann diese dann in einem kleinen Spiel anwenden. Kritiker bezeichnen solche einfachen Lösungen auch als „sugarcoating" – also das Überziehen einer unangenehmen Sache mit Zuckerguss. Es finden sich aber auch ansprechendere Varianten des *Meaningful Play*. Damit ist ein zweiter Begriff genannt, der oft im Zusammenhang von Lernspielen verwendet wird: *Meaningful Play* bedeutet, dass das Spielen einen Sinn haben soll, dass mit dem Spielen etwas anderes geleistet werden soll, als nur zu spielen.

Unterhaltung und Lernen werden also verschmolzen. Lern- und Spielinhalte sind identisch. In *Global Conflict Palastine* (2007), einem Klassiker des Genres, spielt man einen Reporter wie in einem Abenteuerspiel und lernt durch dessen Aufgaben den Konflikt in Palästina kennen. In *Valiant Heart* (2014) lernt man den Schrecken des Ersten Weltkriegs mit Hilfe kleiner Comic-Spielfiguren kennen. Meist verkaufen sich solche Spiele jedoch deutlich schlechter als die rein auf Unterhaltung ausgerichteten Spiele, was u. a. auch daran liegt, dass selten große multinationale Konzerne in ihre Entwicklung involviert sind. Ihr

Produktions- und Marketingbudget ist deutlich kleiner als bei einem neuem *Mario-* oder *Grand Theft Auto*-Titel.

Zwar zeigen gut gemachte ernste Spiele, welches Potenzial Computerspiele für Lernerfahrungen haben. Sie können neue Zielgruppen für Thematiken, die ihnen nicht bekannt sind, erreichen und somit ein Bewusstsein für zum Beispiel politische Probleme (*Dafur is Dying*, 2006) oder auch Gesundheitsfragen schaffen (*Hazy Days*, 2015). Sie haben aber keineswegs zu einer Revolution des Lernens geführt. Studien zeigen, dass Lerneffekte nur unter bestimmten Umständen genau so auftreten, wie man es sich wünscht – dazu mehr im nächsten Kapitel.

Computerspiele und Lernen können aber noch auf eine andere Art zusammengebracht werden, und hierfür eignet sich am besten der Begriff des *Gamebased Learning*. Darunter versteht man den Einsatz von Computerspielen ganz allgemein zum Lernen. Dies können bewusst dafür gemachte Spiele sein, aber auch solche, die einfach als Unterhaltungssoftware gekauft werden. Die *Civilization*-Reihe beispielsweise verlangt vom Spieler, ein Volk aus dem Bronzezeitalter hin zu einer zu anderen Sternen aufbrechenden Zivilisation zu entwickeln. Dabei lassen sich die Auswirkungen von historischen Entwicklungen – zum Beispiel von Schießpulver, der Einführung der Wehrpflicht, den Errungenschaften der Demokratie oder auch den Gefahren des Atomzeitalters – plastisch veranschaulichen. Das mittelalterliche Damaskus frei zu erkunden ermöglicht *Assassins Creed* (2007) – eine Erfahrung, die so weder Geschichtsbuch noch Film liefern kann. Selbst das Geschichts-Magazin *GEO Epoche* greift in seiner Ausgabe zur Völkerwanderung (Nr. 76, 2015) auf Darstellungen des Spiels *Total War: Attila* (2015) zurück, um einen Artikel über den Hunnenkönig zu illustrieren. Spiele können andere Formen der Wissensvermittlung ergänzen und ein neues ganzheitliches Lernen ermöglichen. *Game-based-*

Learning greift all dies auf, doch sind konkrete Umsetzungen zumindest an deutschen Schulen und Bildungseinrichtungen noch selten. Dies mag auch daran liegen, dass es dazu einerseits kompetenter Lehrer bedarf, die keine Scheu davor haben, Computerspiele im Unterricht einzusetzen. Andererseits benötigt *Game-based-Learning* auch entsprechende Konzepte, wie Spiele eingesetzt werden können. Hier hat die versprochene Revolution des Lernens bislang noch nicht stattgefunden.

Ähnlich sieht es mit einem anderen, inzwischen immer beliebter werdenden Bereich des ernsthaften Einsatzes von Computerspielen aus: den *Excer Games*. Computerspielen hängt der Vorwurf an, mitschuldig daran zu sein, dass Kinder und Jugendliche zunehmend an Bewegungsmangel und Übergewicht leiden. Eine bestimmte Gruppe von Computerspielen versucht hier gegenzusteuern und setzt bewusst Bewegung ein. Populär wurde dies vor allem mit dem Spiel *Wii Fit* (2007), in dem Spieler, u.a durch den Einsatz eines Balanceboard, Fitnessübungen mit Hilfe der Spielekonsole machen konnten. Mittlerweile finden sich solche Spiele vor allem auf Smartphones und Tablets, und hier sind die Grenzen zwischen Fitnessprogramm und Spielen fließend. Nahezu jede Fitness-App zeigt mittlerweile *Achievements*, also Leistungsstände an, wie man sie sonst nur aus Computerspielen kannte. Wer das harte Training eines Ultimate-Fighting-Kämpfers kennenlernen, die blauen Flecke eines realen Kampfs aber vermeiden möchte, kann dies zu Hause mit seiner Playstation und der bewegungssensitiven Steuerung erleben. Sport und Bewegungsspiele machen immer noch keinen großen Teil des Marktes aus, sie haben sich aber auf niedrigem Niveau etabliert.

Was können Computerspiele also als Lernmittel erreichen? Zum einen sind sie nicht die Heilbringer, mit denen das Lernen der *Digital Natives* revolutioniert wird. Zum anderen sind sie aber auch nicht gänzlich ungeeignet,

Lernen innerhalb und außerhalb der Schulen sinnvoll zu ergänzen. Das Potenzial von Computerspielen wird am deutlichsten beim Einsatz des Spiels *Re-Mission* (2006). Hier handelt es sich um eines jener oftmals verteufelten Shooter-Spiele, nur dass der Spieler diesmal nicht Monster, Aliens oder Nazis erschießen muss, sondern in den eigenen Körper reist und sich gegen Krebszellen zur Wehr setzen soll. Das Spiel wurde in Zusammenarbeit mit Krebspatienten und Onkologen entwickelt und sein Einsatz wissenschaftlich begleitet. Es zeigte sich, dass Krebspatienten, die es spielten, erfolgreicher eine Therapie durchstanden und mehr Wissen über Krebs hatten als Patienten, die andere Spiele zur Kontrolle spielten. Hat *Re-Mission* nun also dazu geführt, den Krebs zu besiegen? Nein – aber es hat dazu beigetragen, dass Patienten sich auf eine positive und konstruktive Weise mit ihrer Krankheit auseinandergesetzt haben. Es hat zu etwas geführt, was gerade im Gesundheitsbereich von zentraler Bedeutung ist und was Computerspiele auf ganz besondere Art und Weise vermitteln können: Selbstwirksamkeit. Mit diesem psychologischen Fachbegriff ist gemeint, dass Menschen sich selbst in der Lage sehen, etwas zu bewirken. Sie sind selbst „ihres Glückes Schmied". Computerspiele können diese Selbstwirksamkeit trainieren: Spieler bekommen ein direktes Feedback, dass das was sie tun, Auswirkungen hat. Sie schießen Krebszellen ab und befreien ein Organ. Sie selbst schaffen es. Aber noch mehr zeigt das Beispiel *Re-Mission* (zu Deutsch: Rückgang einer Krankheit, aber auch Neue Mission): Das Spiel war eingebettet in einen spezifischen Kontext. Es war Bestandteil einer Therapie. Es ersetzte keine Therapie, sondern ergänzte bestehende Angebote.

Weitere Beispiele finden sich auf dem Gebiet der Chirurgie. Durch Computerspiele haben Chirurgen gelernt, die Auge-Hand-Koordination zu verbessern, sodass sie bei den entscheidenden Eingriffen weniger Fehler machen. Hier konnte der zunächst überraschende Befund, dass Computerspieler bei praktischen Übungen besser abschnitten, genutzt werden, eigene Trainingsprogramme zu entwickeln.

Wenn Computerspiele also systematisch zum Lernen eingesetzt werden sollen, so ist dies vor allem im Konzert mit anderen Maßnahmen möglich. Sie können Menschen für ein Thema begeistern und sie so dazu bringen, mehr über etwas lernen zu wollen. Sie können Mechanismen und Prozesse aufzeigen – wie zum Beispiel in Simulationsspielen wie *SimCity* (ab 1989) oder *Civilization*. Sie können Bücher nicht ersetzen, aber sie mit Leben füllen. Sie können, anders als ein Film, direktes Feedback geben und Schüler tatsächlich in die Lage versetzen, in ihrem eigenen Tempo zu lernen. Mit einem Flugsimulator allein kann man nicht das Fliegen lernen, aber man kann einen Flugsimulator nutzen, um damit Situationen zu simulieren, die man so besser nicht in der Realität erleben möchte.

Wenn Computerspiele dies alles können, dann muss aber auch auf der negativen Seite festgehalten werden, dass sie auch das können, was viele Kritiker ihnen vorwerfen: Sie können Menschen beibringen zu töten. In der Tat nutzt die US-Armee Computerspiele, um damit ihre Soldaten zu trainieren. Aber auch hier muss eingeschränkt werden: Nicht das Computerspiel tötet oder bringt das Töten bei, sondern es wird im Rahmen eines ausgefeilten Trainings-Programms eingesetzt. Soldaten nutzen mittlerweile Computerspiele, um Situationen zu simulieren, die sich so nur schwer in der Realität umsetzen lassen.

Was von den Debatten geblieben ist

Die Debatte in den traditionellen Medien, insbesondere der Boulevardpresse, aber auch im öffentlich-rechtlichen Fernsehen war (und ist teilweise noch) schnell dabei,

5 Das Computerspiel im Spiegel der Gesellschaft

Computerspiele als neues Medium zu dämonisieren. Es ist jedoch an der Zeit, sich nüchtern und wissenschaftlich mit den Themenkomplexen Gewalt und Sucht auseinanderzusetzen (Kap. 6). Interessanterweise sind es auch die traditionellen Massenmedien selbst, die begonnen haben, sich dem Thema Computerspiele auf neue Art zu widmen. *Spiegel online* etwa berichtete vom Abgesang der Killerspieldebatte. *Der Spiegel* widmete bereits im Jahr 2014 dem Thema Computerspiele gar eine Titelgeschichte und zeichnete ein vielschichtiges Bild der Nutzung von Computerspielen in Deutschland. Als nach dem Amok-Lauf von München (2016) Innenminister Thomas De Maizière Computerspielen eine Mitschuld an den Taten gab, erzielte diese Aussage kaum noch jenes Echo, welches vergleichbare Aussagen nach den Taten in Erfurt (2002), Emsdetten (2006) oder Winnenden (2009) hatten. Die *Süddeutsche Zeitung* stellte De Maizières Aussage gar als eine Ansicht der Vergangenheit dar und bezeichnete die Debatte zum Thema Killerspiele als eine Art Moralische Panik – so wie eingangs in diesem Kapitel skizziert. Selbst das ZDF, einst scheinbar eine Bastion im Kampf gegen die Killerspiele, hat sich mit einer jener oben beschriebenen dreiteiligen Dokumentationen zum Thema Killerspiele für eine ausgewogene, sachliche Debatte entschieden.

Die Zeiten der Moralischen Panik, sei es zum Thema Sucht oder Gewalt, scheinen somit für das Medium Computerspiele vorbei zu sein. Die Debatte hat sich versachlicht, und es erscheint an der Zeit, sich kritisch mit durchaus vorhandenen problematischen Entwicklungen wie z. B. den Bezahlmodellen von Computerspielen auseinanderzusetzen. Dennoch ist festzuhalten, dass es zum Muster Moralischer Paniken gehört, zu verschwinden, um dann irgendwann wieder in veränderter Form aufzutauchen. Neue Medienentwicklungen werden auch zu neuen Moralischen Paniken führen. Die ewige Debatte zwischen Neuerern und Bewahrern wird erneut ausgefochten werden. Es ist auch nicht von der Hand zu weisen, dass bereits jetzt die vermeintlichen Vertreter der Games-Branche selbst zu eben jenen moralischen Unternehmern werden, die das alte Zeitalter bewahren möchten, wie Debatten um #gamergate und „Wokeness" zeigen.

So wie man die kritischen Debatten zum Thema Computerspiele relativieren muss, so muss man auch vorsichtig sein, wenn es um die positiven Potenziale von Computerspielen geht. Sie liefern neue Lernwelten, aber sie revolutionieren traditionelle Bildungsinstitutionen wie die Schule nicht. Eine nüchterne Perspektive ist hier ebenso wichtig wie ein Blick in die Forschungsliteratur.

6
Was die Wissenschaft über Computerspiele weiß

Die wissenschaftliche Forschung befasst sich seit über 40 Jahren mit der Frage, wie Computerspiele wirken. In dieser Zeit haben sich vielfältige wissenschaftliche Zugänge entwickelt, und unterschiedliche Forschungsmethoden haben Anwendung gefunden. Nachfolgend wird ein Überblick über den Forschungsstand gegeben. Computerspielforschung kann vielfältige Erkenntnisse liefern, erweist sich aber auch als große Herausforderung in einer sich rasant wandelnden Medienwelt. Viele Fragen bleiben weiterhin offen.

Manch Vater oder Mutter mag eindeutige empirische (also an der Wirklichkeit orientierte) Beobachtungen zur Wirkung von Computerspielen nennen können: Nachdem der Sohn mehr Zeit als gut für ihn ist vor dem PC oder der Konsole mit einem viel zu gewalttätigen Computerspiel verbracht hat, hat er wutentbrannt Türen geschmissen. Vielleicht hat er unflätig geflucht oder die Schwester in den Magen geboxt. Die Folgerung ist recht einfach: Computerspiele machen aggressiv. Sie sind die Ursache, und die Aggressivität ist die Wirkung. Im Fachjargon nennt man dies eine Kausalität: Computerspiele sind ursächlich für Aggressivität und Gewalt.

Computerspiele und ihre Wirkung

Doch was braucht man alles für eine Kausalität? Reicht der geschilderte Einzelfall aus? Sicher nicht, wenn er nur der Beobachtung *eines* Vaters oder *einer* Mutter entspringt. Aber was, wenn es Hunderte oder gar Tausende Mütter sind, die Ähnliches beobachten? Wären diese gesammelten Anekdoten nicht ein sicheres Indiz dafür, dass Computerspiele in der Tat gewalttätig machen? Und was ist mit dem Befund, dass ausnahmslos alle Amokläufer in Deutschland Computerspiele gespielt haben? Abgesehen von der Tatsache, dass dies nicht der Fall war, ergeben sich aus der Sicht der Forschung gleichwohl Bedenken, aus solchen Beobachtungen zu schließen, dass Computerspiele tatsächlich die Ursache für Aggressivität oder gar Amokläufe sind.

Nun findet sich in der Forschungsliteratur, und bereitwillig zitiert in den Medien, die Aussage, der wissenschaftliche Zusammenhang zwischen Computerspielnutzung und Aggressivität sei ähnlich stark wie der Zusammenhang zwischen Passivrauchen und Lungenkrebs. Sie stammt u. a. von Craig Anderson, einem der renommiertesten Gewaltforscher der USA. Was bedeutet dies jedoch?

Um diese Aussage einzuordnen, sind zwei Dinge notwendig: Zunächst muss man sich klarmachen, was unter einer Ursache-Wirkungs-Beziehung, also einer Kausalität, zu verstehen ist. Zweitens muss man verstehen, wie die Forschung überhaupt zu solchen Aussagen kommen kann. Ein Großteil der folgenden Ausführungen wird sich auf die Gewaltwirkung konzentrieren. Letztlich geht es aber um jede Form von Wirkung durch Computerspiele: Auch Abhängigkeit von Spielen, Lernerfolge und sogar die Freude am Computerspiel können als Wirkungen verstanden werden; darauf werden wir später noch gesondert eingehen.

Um von einem Ursache-Wirkungs-Zusammenhang zu sprechen (also davon, dass Passivrauchen zu Lungenkrebs führt oder Computerspiele Aggressivität, Übergewicht oder auch Lernerfolg bewirken), müssen mindestens drei Kriterien erfüllt sein: Es muss ein überzufälliger, statistischer Zusammenhang vorliegen, und die Wirkung darf zeitlich nicht vor der Ursache liegen. Drittens muss ein gültiger und kein Scheinzusammenhang vorliegen, d. h. sogenannte Dritt- oder Störvariablen müssen berücksichtigt werden – hierzu im Folgenden noch mehr.

Einen überzufälligen statistischen Zusammenhang zwischen verursachender und bewirkter Größe nennt man im Fachjargon einen „statistisch signifikanten" Zusammenhang oder Korrelation. Wenn der Anteil der Menschen, die an Lungenkrebs erkranken, bei Rauchern höher ist als bei Nichtrauchern, liegt ein solcher Zusammenhang vor. Damit er als „statistisch signifikant" gilt, also überzufällig ist, muss der Anteil der an Lungenkrebs Erkrankten bei den Rauchern auch um ein solches Maß höher sein als bei den Nichtrauchern, dass dies nicht nur durch zufällige Schwankungen erklärt werden kann. Da es kaum möglich ist, alle Raucher und Nichtraucher zu untersuchen, ist die Forschung gezwungen, eine Stichprobe zu ziehen, also eine kleine Gruppe an Menschen auszuwählen, die stellvertretend für alle Raucher und Nichtraucher steht. Idealerweise sollte so eine Gruppe „repräsentativ" sein, wobei es beim Begriff der „Repräsentativität" zu großen Missverständnissen kommen kann. Repräsentativ bedeutet streng genommen nur, dass die Ergebnisse für eine bestimmte Personengruppe Gültigkeit besitzen. Was aber meist mit „Repräsentativität" gemeint ist, ist repräsentativ für die Bevölkerung eines Landes oder eine klar definierte Gruppe, für Raucher oder Nichtraucher beispielsweise oder aber für Computerspieler an sich. Ganz sicher erhalte ich eine solche Stichprobe nur, wenn ich zum Beispiel eine Liste aller Raucher, Nichtraucher, Spieler und Nichtspieler besitze und dann zufällig, vielleicht mit Hilfe eines Zufallsgenerators, Menschen auswähle. Je nachdem, wie sicher ich mir bei meiner Schätzung sein will, wie überzufällig meine Wirkung also sein muss, desto mehr oder weniger Leute muss ich in meine Stichprobe nehmen. Gängige Maße sind dabei 95 %-Sicherheit oder auch 99 %-Sicherheit. Dies bedeutet: Wenn ich hundertmal eine zufällige Auswahl an Menschen treffe, dann findet sich bei 95 dieser Stichproben der von mir untersuchte Zusammenhang, mein Ergebnis ist „signifikant auf dem 5 %-Fehler-Niveau". Dies bedeutet aber auch, dass ich in 5 % der Fälle keinen Zusammenhang finde, obwohl einer vorliegen könnte. Warum nehme ich dann nicht einfach noch mehr Leute in meine Stichprobe, bis ich hundertprozentige Sicherheit habe? Je genauer ich werden will, desto mehr Fälle brauche ich. Je mehr Fälle ich brauche, desto mehr Aufwand muss ich betreiben, und je mehr Aufwand ich betreibe, desto mehr Fehler können passieren. Für hundertprozentige Sicherheit müsste ich alle Raucher und Nichtraucher, alle Gamer und Nicht-Gamer befragen. Aufwand und Ergebnis stehen in keiner Relation zueinander. Somit begnügt sich die Wissenschaft meist mit einer Sicherheit von 95 % oder 99 %, denn hier sind deutlich kleinere Stichproben nötig. Ich kann zum Beispiel schon mit 400 Menschen ohne Probleme eine 95 %-Sicherheit erreichen. Wenn ein Zusammenhang besonders stark ausgeprägt ist, ist dies sogar mit noch weniger Studienteilnehmern möglich.

Wenn man also sagen will, 40 % aller Gamer sind aggressiv, aber nur 35 % aller Nicht-Gamer, braucht man eine Stichprobe, die repräsentativ für die Gruppe der Gamer und Nicht-Gamer ist. Für ein sozialwissenschaftliches Experiment, in dem ich untersuchen will, ob Ursache X ursächlich für Wirkung Y ist, brauche ich aber meist viel weniger Fälle. Denn hier treffe ich auch keine Aussage darüber, ob meine Teilnehmer repräsentativ sind. Ich gehe vielmehr davon aus, dass eine Wirkung für alle Menschen gleich ist, und teste nur, ob sich in meiner Stichprobe diese Aussage bestätigen lässt. Wenn dies der Fall ist, sollte meine Aussage bei gleichen Rahmenbedingungen auch für andere Menschen gelten.

Fassen wir zusammen: Ein überzufälliger Zusammenhang ist notwendige Bedingung für einen Ursache-Wirkungs-Zusammenhang. Ich erhalte einen solchen Zusammenhang durch statistische Analysen, bei der ich auf eine (idealerweise zufällig ausgewählte) Stichprobe von Menschen zurückgreife. Ich kann dann sagen, mit welcher Sicherheit mein gefundener Zusammenhang tatsächlich überzufällig ist. Vollkommene Sicherheit werde ich in der Sozialforschung aber nie finden.

Nun gibt es sehr viele Zusammenhänge, die zwar überzufällig sind, aber keineswegs eine Kausalität. Wie oben gezeigt, müssen nämlich mindestens noch zwei weitere Dinge gegeben sein: eine festgelegte zeitliche Abfolge und der Ausschluss sogenannter Dritt- oder Störvariablen.

Schauen wir uns die festgelegte zeitliche Abfolge an. Auf den ersten Blick erscheint dies vollkommen logisch: Die Ursache muss vor der Wirkung liegen, denn nur so kann eine entsprechende Richtung der Kausalität vorliegen. Erst wird geraucht, dann kommt der Lungenkrebs. Kaum jemand wird aufgrund der Diagnose Lungenkrebs beschlossen haben, nun mit dem Rauchen anzufangen. Bei der Frage, ob Computerspiele aggressiv machen, sieht es schon komplexer aus: Sicher mag es sein, dass ein Mensch durch gewalthaltige Computerspiele aggressiver wird, aber auch der umgekehrte Fall ist denkbar: Aggressive Menschen widmen sich gewalthaltigen Medien, also auch Computerspielen. Genauso verhält es sich beim Zusammenhang zwischen Computerspielen und Depression. Werden Computerspieler durch ihr Spielen depressiv und abhängig, oder sind es gerade vereinsamte, depressiv gestimmte Menschen, die sich den Computerspielen zuwenden, weil sie sonst nirgends Anerkennung finden? Beide Richtungen sind plausibel und möglich. Hier ist also die Forschung gefordert, nicht nur Korrelationen aufzustellen, sondern auch die zeitliche Abfolge zu analysieren. Dies geschieht meist durch Längsschnittstudien, in denen Menschen über einen längeren Zeitraum untersucht werden. Auch dazu später noch mehr.

Drittens muss noch sichergestellt werden, dass kein Scheinzusammenhang vorliegt. Hier hilft das bekannte Störche-Geburten-Beispiel, mit dem jeder Student der Sozialwissenschaften im ersten Semester gepeinigt wird. Betrachtet man europaweite Daten, zeigt sich nämlich: Je mehr Störche es gibt, desto höher ist die Geburtenrate. Störche, so kann man folgern, bringen also in der Tat die Kinder. Dass dem nicht so ist, ist weithin bekannt, aber der statistische Zusammenhang besteht dennoch. Der Grund hierfür ist, dass sogenannten Drittvariablen nicht kontrolliert wurden. Drittvariablen sind Dinge, die sowohl mit der Ursache als auch mit der Wirkung in Zusammenhang stehen. In diesem Fall ist es sogar so, dass die Ursache gar keine Ursache ist (die Störche also nicht die Kinder bringen), sondern ihr Auftreten nur in einem statistischen Zusammenhang mit einer anderen Ursache steht: in diesem Fall dem Grad der Verstädterung oder noch mehr dem Entwicklungsstand eines Landes. Viele Störche gibt es nämlich in wenig entwickelten, ländlichen Gebieten, und in eben jenen Gebieten ist auch die Geburtenrate höher. Gerade die Medizinforschung ist voll von solchen Zusammenhängen und populären Irrtümern. Ein besonders einleuchtendes Beispiel ist der Zusammenhang von Speiseeis und Sonnenbrand. Denn wenn mehr Eis gegessen wird, steigt auch die Wahrscheinlichkeit, einen Sonnenbrand zu bekommen. Man könnte nun also den Konsum von Eis ver-

6 Was die Wissenschaft über Computerspiele weiß 117

bieten oder einfach erkennen, dass sommerliches Wetter sowohl Eiskonsum als auch Sonnenbrand befördert und der eigentliche Schuldige ist.

Übertragen auf die Computerspielforschung bedeutet dies, dass man durchaus einen Zusammenhang zwischen der Nutzung von gewalthaltigen Computerspielen und gesteigerter Aggressivität finden kann, dass sich dieser Zusammenhang aber auch ganz oder teilweise durch eine andere Ursache erklären lässt. Jungen spielen zum Beispiel eher gewalthaltige Computerspiele und sind auch aggressiver. Vielleicht ist es aber eine weitere, nicht berücksichtigte Ursache, die zum Beispiel bei Jungen stärker ausgeprägt ist als bei Mädchen, die zu diesem Zusammenhang führt. Vielleicht ist es gar so, dass der Zusammenhang nur gilt, wenn mehrere Dinge gleichzeitig auftreten. Die Kontrolle von solchen „Dritt"- oder „Stör"-Variablen ist eine große Herausforderung für die Forschung. Aktuelle Forschung ist deshalb darauf ausgerichtet, immer mehr solcher Aspekte zu untersuchen und statistisch deren Einfluss zu kontrollieren. Dies geschieht über Untersuchungen, die sich bewusst diesen ausgewählten Aspekten widmen, sowie über immer komplexer werdende statistische Berechnungsmodelle.

Überzufälliger statistischer Zusammenhang, zeitlicher Vorrang der Ursache vor der Wirkung und Ausschluss bzw. Kontrolle von Drittvariablen sind also die Kriterien, die mindestens gegeben sein müssen, um von einer Wirkung von X auf Y sprechen zu können. Beim Zusammenhang zwischen Passivrauchen und Lungenkrebs ist dies, wenn auch nicht ohne Schwierigkeiten, bestimmbar. Bei der Wirkung gewalthaltiger Computerspiele wird es schon schwieriger, und die Forschung steht vor großen Herausforderungen, die im Folgenden näher beleuchtet werden sollen.

Ein viertes Kriterium sollte übrigens auch noch gegeben sein, um von einem Ursache-Wirkungs-Zusammenhang sprechen zu können, aber gerade dieses Kriterium ist in den

Sozialwissenschaften oftmals nur schwer einzuhalten: Der Zusammenhang sollte unabhängig von Zeit und Ort gelten. Dies ist generell in der Gewaltwirkungsforschung nur schwer zu belegen. Was in den 1930er- und 1940er-Jahren noch möglich war – als das bekannte Hörspiel „Krieg der Welten" mit Orson Welles in den USA zu einer Panik führte –, ist in einer von Medien durchdrungenen Welt kaum noch möglich. Kinder, Jugendliche und Erwachsene haben gelernt, mit Medien umzugehen. Schon Kinder können Fiktion und Realität voneinander trennen und haben sich an Schnittfolgen gewöhnt, die noch vor wenigen Jahren selbst Erwachsene überfordert hätten. Gleiches gilt für Computerspiele: Eine Studie aus den 1980ern ist in ihren Befunden kaum noch auf die heutige Zeit übertragbar, da sich sowohl die Spiele als auch die Kinder und ihre Medienerfahrungen dramatisch verändert haben. Selbst eine Studie, die vor zehn Jahren erschienen ist, wird von Wirkungen eines Spiels berichten, das so heute gar nicht mehr gespielt wird. Wirkungen von Computerspielen sind also kurzlebig und müssen immer wieder neu erforscht werden. Man könnte nun annehmen, dass die Wirkungen immer größer werden, je realistischer die Spiele werden, aber auch hierzu gibt es kaum Befunde. Auch das Gegenteil kann der Fall sein.

Nach all den Überlegungen, was notwendig ist, um in der Forschung von einer Wirkung sprechen zu können, stellt sich nun die Frage, was die Forschung eigentlich über die Wirkung von Computerspielen weiß. Die Befunde lassen sich so einfach wie ernüchternd zusammenfassen: Computerspiele können unter bestimmten Umständen auf bestimmte Menschen (Kinder, Jugendliche, Erwachsene) bestimmte Wirkungen haben. So viel ist sicher. Was diese Umstände sind, welche Menschen mehr oder weniger betroffen sind und welche Wirkung sie tatsächlich haben können, ist im steten Wandel begriffen.

Wie kommt eine Studie eigentlich zur Aussage, Computerspiele besäßen diese oder jene Wirkung? Das Vorgehen in der Computerspielforschung ist ähnlich wie in der Medizin, wenn man sich die Frage stellt, ob Medikament X wirksam gegen Krankheit Y sei. Auch hier verlässt sich die Forschung nicht auf anekdotische Befunde, sondern es werden klare wissenschaftliche Belege, sogenannte empirische Evidenzen, gefordert, die man nur durch sehr viele Studien erhält.

Wie die Medienwirkungsforschung zu ihren Ergebnissen kommt

Welche Spiele spielst du in deiner Freizeit? – Die klassische Befragungsstudie

Den einfachsten und häufigsten Studientyp bilden sogenannte Korrelations-Studien im Querschnitts-Design. Dies bedeutet, dass diese Studien nur einmal durchgeführt werden. Eine solche Untersuchung könnte so aussehen: Man befragt 200 zufällig ausgewählte Schüler einer Schule, ob sie Computerspiele spielen und wenn ja welche sie nutzen. In der gleichen Befragung lässt man sie angeben, wie häufig sie in der letzten Zeit Streit mit Mitschülern hatten, ob sie sich schon mal geprügelt haben oder dergleichen. Wenn man nun ermittelt, dass Schüler, die häufiger gewalthaltige Computerspiele nutzen, auch häufiger in Auseinandersetzungen verwickelt sind, dann wird daraus gefolgert, dass Computerspiele ein Faktor für gesteigerte Aggressivität sind. Prüft man solche Studien auf die obigen Kriterien für einen Ursache-Wirkungs-Zusammenhang, fällt sofort auf, dass sie zwar einen überzufälligen Zusammenhang finden können, aber wohl kaum in der Lage sind, eine große Anzahl an Dritt- oder Störvariablen zu kontrollieren, geschweige denn die zeitliche Abfolge von Ursache und Wirkung klar zu bestimmen. Meist sind die Forscher dann auch recht vorsichtig mit Kausalaussagen. Sie sprechen meist von Zusammenhängen und nicht von Wirkungen. Werden diese Studienergebnisse dann aber von den Massenmedien aufgegriffen, kann es leicht vorkommen, dass diese feine Nuance verloren geht und eine Wirkung hineininterpretiert wird, von der die Studie selbst überhaupt nicht spricht.

Noch ein weiteres Problem lässt sich an diesem Beispiel verdeutlichen. Es betrifft nicht nur Korrelations-Studien, sondern auch alle anderen Studientypen, tritt aber hier besonders deutlich auf. Was sind eigentlich gewalthaltige Computerspiele? Was ist Aggression? Was ist Abhängigkeit? Was ist Lernerfolg? Die Wirkung von Computerspielen muss in einer Studie immer klar definiert werden. Aggression an sich lässt sich aber ebenso wenig eindeutig bestimmen wie „gewalthaltige Computerspiele". Die Definition von „gewalthaltig" wird sich bei einer Großmutter und ihrem vielspielenden Enkel deutlich unterscheiden. Ein Tom-und-Jerry-Cartoon ist ausgesprochen gewalthaltig: Einem Kater wird das Fell inklusive Schnurrhaare gestutzt, die Maus soll aufgegessen werden, und der Hund verprügelt den Kater in regelmäßigen Abständen. In *Grand Theft Auto: San Andreas* (2004) wiederum spielt der Spieler eine Stunde Bowling, und nichts Sonstiges passiert. Es gibt verschiedene Definitionen von Gewaltdarstellungen, und sowohl die Forschung als auch der Jugendmedienschutz unterscheiden klar zwischen Gewalt in Cartoons oder einem Fantasy-Setting und Gewalt, die in eher realistischen Szenarien vorkommt. Kaum eine Studie wird demnach Tom und Jerry als besonders gewalthaltigen Inhalt einordnen, Spiele der *Grand Theft Auto*-Reihe (ab 1997) aber schon. Vielmehr werden sich die Forscher zum Beispiel an den Vorgaben des Jugendmedienschutzes orientieren oder am Genre eines Spiels: Shooter-Spiele sind gewalthaltig, Puzzle-Spiele nicht.

Doch was ist mit Strategie-Spielen? Was ist mit Spielen wie *Heavy Rain* (2010), in dem es weitgehend friedlich zugeht, dann aber in einer Szene ein einzelner Mord im Zimmer des Sohns eines Drogendealers, umringt von lauter Kinderspielzeug und Kinderfotos, stattfindet? Eine Lösung hierfür gibt es nicht; Studien müssen deshalb immer neu definieren, was für sie gewalthaltige Inhalte sind. Diese Definitionen können natürlich sehr unterschiedlich ausfallen, und dies öffnet die Tür für viel Kritik. Das einzige, was die Forschung in einem solchen Fall tun kann, ist, die Kriterien offenzulegen, warum ein Spiel so und ein anderes so eingeordnet wurde.

Ähnlich sieht es mit der zu untersuchenden Wirkung aus. Woran kann man festmachen, dass ein Mensch aggressiver ist als ein anderer? Die Psychologie greift hier meist auf entwickelte und getestete Fragebögen zurück. Auf manchen werden Stellungnahmen zu bestimmten Sachverhalten abgefragt. Andere Studien wiederum fragen nach konkretem Verhalten: Hat man sich geprügelt, ist man schon mal straffällig geworden? Oder man verwendet psychologische Tests: Menschen werden in Assoziationstests gebeten, eine Buchstabenfolge zu vervollständigen, die sowohl zu einem aggressiven als auch einem friedlichen Wort führen kann: K I _ _ kann zu Kiss (Küssen) oder Kill (Töten) vervollständigt werden. Wer mehr aggressive Wörter ergänzt, hat mehr aggressive Gedanken als jemand, der eher friedliche oder neutrale Wörter findet. Auf das Problem, wann jemand als computerspielabhängig gilt, haben wir bereits verwiesen. Auch hier gibt es mehr als nur ein Messinstrument, meist in Form einer Fragen-Batterie. Unterschiedliche Befunde können also durchaus am gewählten Messinstrument liegen. Eine Lungenkrebs-Diagnose ist mittlerweile mit relativ hoher Sicherheit zu stellen, die Diagnose „aggressiv" oder „gewalttätig" ist abgesehen von einigen wenigen Extremfällen deutlich schwieriger und offen für Interpretationen.

Gerade in einfachen Befragungsstudien können auch nur einfache Messinstrumente verwendet werden. Angesichts all dieser Probleme, stellt sich die Frage, warum solche Studien in der Computerspielforschung überhaupt durchgeführt werden? Der Grund ist zunächst ernüchternd: Weil sie vergleichsweise günstig sind und schnell, wichtige erste Ergebnisse liefern, die dann in weiteren Studien vertieft werden können.

Counter-Strike gegen Die Sims – Das sozialwissenschaftliche Experiment

Besser geeignet für die Untersuchung von Ursache-Wirkungsbeziehungen sind sozialwissenschaftliche Experimente. Diese funktionieren vom Aufbau her wie ein Versuch in der Naturwissenschaft: Man versucht, die verursachende Größe zu isolieren und deren Wirkung direkt zu messen. Ein einfaches Experiment zur Wirkung von Gewalt in Computerspielen sieht so aus: 30 Menschen spielen ein gewalthaltiges Spiel, z. B. *Counter-Strike* (ab 2000), und 30 Menschen spielen ein nicht gewalthaltiges Spiel, zum Beispiel *Die magische Bretterbudenburg* (2022), eine Art interaktives Bilderbuchspiel, 2023 als bestes Familienspiel beim Deutschen Computerspielpreis ausgezeichnet. Nachdem beide Gruppen ihre jeweiligen Spiele gespielt haben, erhalten sie den oben beschriebenen Test, in welchem sie Buchstabenfolgen vervollständigen sollen. Die Gruppe, die *Counter-Strike* gespielt hat, ergänzt überzufällig mehr Wörter, die eine gewalttätige Bedeutung nahelegen. Die Forscher folgern daraus, dass gewalthaltige Spiele zu einer erhöhten Aggression führen.

Ist eine solche Aussage auf Basis einer solchen Studie möglich? Im Prinzip ja, wenn noch auf einige weitere Dinge geachtet wurde. 30 Studienteilnehmer pro Gruppe wären in der Tat relativ wenig, sind aber eine durchaus übliche Gruppengröße. Wenn der zu untersuchende Zusammenhang stark genug ist, lassen sich überzufällige Zusammenhänge damit schon bestimmen, aber es gilt: Je schwächer eine Wirkung, desto mehr Teilnehmer brauche ich für eine Studie. Dies lässt sich vorher festlegen, indem man schätzt, wie stark der Zusammenhang ist, den man zu finden hofft, und danach die Teilnehmerzahl bestimmt. Will man auf Nummer sicher gehen, nimmt man noch ein paar Teilnehmer mehr. Oftmals fehlt es an Geld oder Zeit, sodass man mit weniger Teilnehmern leben muss. Manchmal hofft man auf einen starken Zusammenhang, in der Realität ist der Zusammenhang aber schwach, und man hätte mehr Teilnehmer benötigt. Nehmen wir aber an, dass unsere beiden Gruppen groß genug waren, es lässt sich also ein überzufälliger Zusammenhang finden.

Die Logik eines Experiments ist nun so, dass man zwei oder mehr Gruppen hat, die sich idealerweise nur in einer einzigen Sache unterscheiden: dem erhaltenen Reiz (Stimulus). Dieser Stimulus ist das, was die Wirkung auslöst. In der Medizin wäre dies ein zu testendes Medikament. Die Gruppe, die den Stimulus erhält, wird Experimentalgruppe genannt. Neben der Experimentalgruppe benötigt man aber noch eine Kontrollgruppe. Diese Gruppe erhält keinen Stimulus, aber was erhält sie dann? Idealerweise etwas, das sich so wenig wie möglich von dem unterscheidet, was die Experimentalgruppe bekommen hat, bis auf den Aspekt, der die Ursache sein soll. In der Medizin wäre dies ein Placebo, eine Tablette, die an sich wirkungslos ist, aber genauso aussieht wie die zu testende Tablette. Idealerweise wissen weder der Arzt, der die Tablette verabreicht, noch der Untersuchungsteilnehmer, ob die Pille den Wirkstoff enthält oder nicht. Im Fachjargon heißt dies dann Doppel-Blind-Versuch. Forscher und Teilnehmer sind „blind", wissen nicht, was sie verabreichen bzw. bekommen, und können so die Wirkung der Substanz nicht beeinflussen.

Doppel-Blind-Versuche sind der Königsweg in der Medizin. Bei einem Experiment zur Gewaltwirkung funktionieren sie nicht so leicht. Schon nach wenigen Minuten wird dem Spieler klar, ob er das gewalthaltige oder das gewaltfreie Spiel spielt. Grundsätzlich folgt aber auch die Computerspielforschung einem solchen Vorgehen. Ein weiteres Problem ergibt sich dennoch: Ein Placebo gibt es bei Computerspielen kaum. Die Spiele, die gespielt werden, unterscheiden sich zu deutlich. Die Experimentalforschung versucht immer nur genau einen Aspekt zu verändern, etwas, das die Wirkung verursachen soll. In der Gewaltforschung ist das der Gewaltanteil. Nun unterscheiden sich die Spiele *Counter-Strike* und *Die magische Bretterbudenburg* deutlich in ihrem Gewaltanteil. Sie unterscheiden sich auch in noch mehr Aspekten: Das eine Spiel ist in einer realistischen 3-D-Grafik, das andere in einer 2-D-Comic-Grafik. Das eine Spiel spielt man allein, das andere mit anderen zusammen und so weiter. Somit ergibt sich das Problem, dass man nicht mehr klar sagen kann, was die Ursache für eine bestimmte Wirkung ist. Liegt es daran, dass das eine Spiel gewalthaltiger war als das andere, oder aber dass zum Beispiel die Steuerung des einen Spiels die Spieler mehr frustriert hat als die des anderen Spiels? Eine bekannte und oft zitierte, aber genauso oft kritisierte Studie hat beispielsweise *Wolfenstein 3D* (1992) als gewalthaltiges Spiel und *Myst* (1993) als friedliches Spiel, sozusagen als Placebo, verwendet. Beide Spiele waren zum Zeitpunkt ihrer Veröffentlichung sehr beliebt, aber sie unterscheiden sich in einem weiteren wichtigen Aspekt: *Wolfenstein 3D* ist ein Actionspiel und *Myst* ein Adventure von fast meditativer Ruhe. Es liegt aber auf der Hand zu vermuten, dass auch der Spannungs- und Actiongrad eines Spiels und nicht nur die Gewalt Auswirkungen auf Aggressionen nehmen kann. Besser wäre es also gewesen, neben *Wolfenstein 3D* ein ähnlich actionreiches, aber friedliches Spiel, wie zum Beispiel ein „Jump-and-Run" im Stil von *Mario Bros.* zu verwenden.

6 Was die Wissenschaft über Computerspiele weiß

Erhöhen wir also die Anzahl der Teilnehmer auf, sagen wir, 120 je Gruppe. Ersetzen wir *Counter-Strike* durch ein Einzelspielerspiel mit Gewalt, z. B. *S.T.A.L.K.E.R II (2023)*, und nehmen ein vergleichbares Spiel ohne Gewalt, z. B. ein Adventure wie *Syberia: The World Before* (2022). Oder wir wählen den Königsweg und nehmen ein und dasselbe Spiel: So wäre es möglich, eine Passage aus dem Spiel *Shadow of the Tomb Raider* (2018) auszusuchen, in dem es nur um das Klettern von A nach B geht. Als Kontrast wählen wir eine Passage, in der sich Lara Croft noch gegen einige Gegner behaupten und von ihren Waffen Gebrauch machen muss. Leider sind solche Studien, die ein und dasselbe Spiel zugrunde legen und damit so nah wie möglich an die Medikament-/Placebo-Variante kommen, sehr selten. Aber nehmen wir an, wir hätten unsere Experimental-Studie so umgebaut – ist nun die Aussage gültig „Computerspiele machen aggressiv"? Leider gibt es immer noch Aspekte, die berücksichtigt werden müssen: Es kann ja sein, dass sich unsere jeweils 120 Teilnehmer in noch mehr Dingen unterscheiden als im Spielen der beiden Spielpassagen. Die einen Spieler hat man beispielsweise aus einem Lara-Croft-Fan-Forum gewonnen, und die anderen waren Studenten im ersten Semester. In der Experimentalforschung ist es aber meist entscheidend, dass sich die Teilnehmer in den Untersuchungsgruppen nicht unterscheiden. Wie stellt man dies sicher? Durch eine bevölkerungsrepräsentative Stichprobe, nach der man die Teilnehmer nach Alter, Geschlecht und Größe auf die Untersuchungsgruppen aufteilt? Nein, man vertraut auf den Zufall. Man verteilt Teilnehmer zufällig auf die einzelnen Gruppen. Wenn zum Beispiel Lara-Croft-Fans anders auf das Spiel reagieren als Nicht-Fans, dann kann ich versuchen, vorher zu ermitteln, wer Fan ist und wer nicht, und verteile die Personen dann gleichmäßig auf alle Gruppen. Oder ich vertraue auf den Zufall. Wenn ich würfle, wer wohin kommt, dann sollten, falls ich das oft genug mache, in jeder Gruppe in etwa gleich viele Lara-Croft-Fans sein. Da ich oftmals gar nicht weiß, was alles noch einen Einfluss auf meinen zu untersuchenden Zusammenhang nehmen kann und ich nie passende Partner finde, die ich systematisch verteilen kann, vertraue ich also auch hier auf den Zufall.

Ich kann aber immer noch nicht sagen, dass das Spielen der gewalthaltigen Passage zu mehr Aggression führt, denn ich habe nur gemessen, wie die Teilnehmer auf einen Wortergänzungstest reagiert haben. Streng genommen misst dieser Test nicht Aggression, sondern aggressive Gedanken. Und dies ist etwas, das die meisten Gewaltwirkungsstudien auch tatsächlich angeben. Sie zeigen auf, dass gewalthaltige Spiele direkt nach dem Spiel zu gewalthaltigen Gedanken führen. Die wenigsten Studien können direkt gewalthaltiges Verhalten nach der Spielenutzung bestimmen.

Hinzu kommt der vermutlich größte Kritikpunkt an der Experimentalforschung: Die Situationen, die getestet werden, sind relativ künstlich. Teilnehmer werden in ein Forschungslabor eingeladen, dort spielen sie ein Computerspiel, oftmals sogar nur für wenige Minuten. Teilweise sind sie sogar verkabelt, um ihre Körperfunktion zu messen. Es gibt sogar Studien, bei der Personen in einer Art Computertomograf gespielt haben. Sie spielen auf Anweisung und mit Zeitvorgaben ein Spiel. Streng genommen ist dies dann kein (freiwilliges) Spiel mehr. Experimentalstudien sind außerdem relativ aufwändig, zeit- und kostenintensiv. Für eine Experimentalstudie mit 100 Teilnehmern kann ein Forscher vermutlich fünf Befragungen durchführen. Welchen Wert haben also Experimentalstudien? Sie sind trotz all ihrer Schwächen das wichtigste Instrument, um Wirkungsaussagen zu treffen, und ihre Stärke liegt gerade darin, die Wirkung einzelner kleiner Aspekte gut abprüfen zu können: Welche Bedeutung hat die grafische Entwicklung von Spielen auf die Gewaltwirkung? Wie sieht es aus, wenn die gezeigte Gewalt legitimiert ist, wie wenn nicht? Welchen Einfluss hat die Handlung auf die Wirkung von Gewalt? Wie reagieren Spieler auf andere Charaktere, deren Geschlecht oder Rasse? All dies kann ich mit Hilfe von Experimenten überprüfen. Schwierig erweist sich dabei immer die Frage, wie weit ich die Ergebnisse aus einem Experiment in die Realität übertragen kann.

Was lange währt, wird ... – Die Längsschnittuntersuchung

Neben Experimenten gibt es noch eine andere Forschungsmethode, um Wirkungen festzustellen: sogenannte Längsschnittanalysen. Solche auch Panel-Studien genannten Verfahren werden relativ selten angewendet, weil sie zeitaufwändig (und damit auch teuer) sind. Eine typische Panel-Befragung sieht in etwa so aus: Zu einem bestimmten Zeitpunkt werden Computerspieler befragt. Man fragt nach den Spielen, die sie nutzen, lässt sie einen Fragebogen zum Thema Aggression oder auch einige Wissensfragen ausfüllen, oder man notiert ihre Schulnoten. Dann befragt man, zwei Wochen, sechs Monate oder auch mal zwanzig Jahre später, die gleichen Personen mit möglichst dem gleichen Fragebogen wieder. Das Henne-Ei-Problem in der Gewaltforschung lässt sich somit ein wenig lösen: Wissen wir zum Beispiel, dass Kinder schon früh Gewaltspiele gespielt haben und zum Zeitpunkt der ersten Befragung nicht sonderlich aggressiv waren, aber bei einer späteren Befragung als gewalttätiger eingestuft werden, dann ist dies ein Hinweis, dass die Computerspiele hier eine (Mit-)Ursache sind. Solche Längsschnittstudien finden sich vor allem beim Thema Gewalt und Aggression sowie bei der Frage, inwieweit der Konsum von Computerspielen Einfluss auf Schulleistungen nimmt. Panel-Studien sind relativ leicht zu bewältigen, solange Kinder bzw. Jugendliche zur Schule gehen. Man befragt zum Beispiel jedes Jahr die gleiche Klasse. Aber auch hier ergeben sich Probleme: Manche Schüler ziehen weg, man kann sie nicht mehr erreichen. Andere bleiben sitzen, gehören nicht mehr zu einer Klasse, die man befragen kann. Manche haben keine Lust mehr, immer dieselben Fragen zu beantworten. In der Forschungsliteratur spricht man dann von *Panel-Mortalität*. Das Panel stirbt, bildlich gesprochen, aus. Mit jeder neuen Befragung, meist als „Wellen" bezeichnet, reduziert sich die Anzahl der Befragten. Fing man mit 1000 Schülern an, sind beim zweiten Mal vermutlich noch knapp 800 übrig, beim dritten Mal nur noch unter 650 und so weiter. Es gibt aber noch eine weitere Herausforderung: Nehmen wir das Beispiel der Schulnoten von Computerspielern. Wir finden in einer Studie, dass sich die Mathe-Note eines Schülers vom ersten zum zweiten Befragungszeitpunkt deutlich verschlechtert hat. Gleichzeitig ist die Computerspielnutzung gestiegen. Was wir aber nicht erhoben haben, ist ein Lehrerwechsel im gleichen Zeitraum, mit dem der Schüler überhaupt nicht zurechtkam. Und dass der Schüler mehr am Computer spielt, liegt daran, dass es gerade Winter ist oder sich der Schüler das Bein gebrochen hat – oder dass zwei Jahre Pandemie waren. Sicher, einige dieser Dinge lassen sich abfragen, aber manches, zum Beispiel das gebrochene Bein, kann man mit einer Befragung nicht erfassen, und somit fehlen wichtige Drittvariablen. Wir können als Forscher nur hoffen, dass diese zufällig verteilt sind. Dennoch: Neben Experimenten sind Längsschnittuntersuchungen und insbesondere Panel-Studien ein wichtiger Weg, um die Wirkung von Computerspielen zu ergründen.

Der neue Gold-Standard? – Meta-Analysen

Der Königsweg sind aber vermutlich „Meta-Analysen", von denen es mittlerweile auch einige wenige zur Wirkung von Computerspielen gibt. Meta-Analysen sind keine eigene Forschungsmethode. Sie sind ein Verfahren, bestehende Forschung neu auszuwerten. Man nimmt die Ergebnisse von vorliegenden Studien, kombiniert diese und untersucht, inwieweit im Durchschnitt über diese Studien hinweg eine Wirkung gefunden wurde oder nicht. Interessiert man sich für die Frage, ob Computerspielnutzung die Schulleistung mindert, finden sich vermutlich zehn Studien, die dies bestätigen, fünf finden keinen Zusammenhang, und zwei Studien zeigen sogar, dass die Schulleistung steigt. Nun kombiniert man diese Erkenntnisse und berücksichtigt dabei auch noch, welche Eigenschaften diese 17 Studien hatten. So gab es Studien mit 50 Teilnehmern, andere mit 500, vier Studien waren Experimente, zehn waren Befragungen, drei Längsschnittuntersuchungen. Man kann sich entscheiden, nur Studien zu nehmen, die bestimmte Gütekriterien (z. B. Experimente mit korrekter Zufallsverteilung, nur bevölkerungsrepräsentative Befragung) erfüllen, oder man vergleicht Studien unterschiedlicher Güte miteinander. Alles geschieht über statistische Auswertungsverfahren. Am Ende kann die Forschung dann sagen, mit welcher Sicherheit sich ein Ergebnis tatsächlich finden lässt. Wenn Wissenschaftler hitzig in den Medien miteinander diskutieren, finden sie immer eine Studie, die genau das Gegenteil von dem „beweist", was der Kontrahent gerade sagt. Meta-Studien dagegen verschaffen vielmehr Klarheit. Sie berücksichtigen einen möglichst breiten Forschungsstand und liefern in der Tat verallgemeinerbare Erkenntnisse.

Warum kann man also nicht einfach sagen, hier ist der Forschungsstand, diese Meta-Studie hat es so und so bewiesen? In der Medizin kann man dies tatsächlich. Aber vieles, was wir in der Computerspielforschung messen, ist weniger klar als in der Medizin. Selbst Schulleistungen sind nicht so klar und einfach berechenbar wie das Vorhandensein von Lungenkrebs. Es gibt keine normierte Diagnose von Aggressivität. Es gibt auch kein standardisiertes Maß, wie man so etwas messen kann, d. h. auch hier unterscheiden sich die Studien, und eine Meta-Analyse kann nur das auswerten, was in den Studien gemacht wurde. Oftmals liegen einfach nicht genug Studien zu einem Thema vor. In der Medizin finden sich Meta-Studien, die auf mehrere hundert Einzelstudien zurückgreifen, bei der Computerspielforschung ist man froh, wenn man mehrere Dutzend zu einem Thema findet. Auch wenn es unzählige Wirkungsstudien gibt, verteilen sich diese auf etliche Jahre, in denen sich die Spielwelt verändert hat. Und viele Studien erfüllen gar nicht die Standards, die man bräuchte, um sie in einer Meta-Analyse auszuwerten: Die Fallzahl war zu klein, die Studie war nur explorativ, sprich sie wollte einen Sachverhalt erkunden, hat keine konkrete Hypothese geprüft, es wurde keine Kontrollgruppe verwendet etc. So vielversprechend Meta-Analysen sind, auch sie allein können die Frage nach der Wirkung von Computerspielen nicht beantworten.

Wem kann denn nun vertraut werden, wo ist die Studie, die die Frage, wie Computerspiele wirken, ein für alle Mal beantwortet? Die Antwort ist auf den ersten Blick verstörend, auf den zweiten Blick ermutigend: Es gibt sie nicht. Es gibt nicht die perfekte Studie, ebenso wenig, wie es die eine Wahrheit gibt. Jede Studie, wenn sie wissenschaftlichen Standards genügt, liefert Erkenntnisse, die uns helfen, die Wirkung der Computerspiele ein bisschen besser zu verstehen, und wir als Leser dieser Studien müssen kritisch bleiben.

Doch trotz all dieser Unsicherheit hier nun endlich einige Antworten auf die Frage: Wie wirken Computerspiele auf Kinder, Jugendliche und Erwachsene?

Was weiß die Wissenschaft über Wirkungen? Der Forschungsstand

Perspektiven der Forschung

In hitzigen Diskussionsrunden zum Thema Medien- und Computerspielnutzung kommt es immer wieder vor, dass anerkannte Wissenschaftler wie Professor Manfred Spitzer ihren Kontrahenten Unwissenheit unterstellen. Sie verweisen auf einen vermeintlich eindeutigen Forschungsstand. Das vorherige Kapitel sollte deutlich gemacht haben, dass es diesen eindeutigen Forschungsstand allein aufgrund der unterschiedlichen Stärken und Schwächen der einzelnen Verfahren gar nicht geben kann. Folglich ist es fatal, die Studien, die der eigenen Position entgegenstehen, zu entwerten und nur diejenigen gelten zu lassen, die den eigenen Standpunkt untermauern. Gerade bei der Computerspielforschung besteht dann die Gefahr, das Medium per se zu verteufeln oder aber die kritischen Befunde zu verharmlosen. Die einseitig kritische Perspektive mündet oftmals in eine Medienpanik, wie in Kap. 5 beschrieben. Aber auch die Verharmlosungsperspektive ist bedenklich. Spielenthusiasten, junge Gamer, Technik-Journalisten, aber auch Forscher nehmen sie oft allzu unbedacht ein. Eine um Neutralität bemühte Forschung muss sich der Kritik von beiden Seiten stellen. Wobei nicht verheimlicht werden sollte, dass sich der Autor dieses Buches, allein aus biografischen Gründen, wohl stärker der Kritik der Verharmlosung als der Verteuflung zu stellen hat.

Forschungsstand: Computerspiele und Gewalt

Gewalt ist das vielleicht am weitesten erforschte Forschungsfeld bei der Frage nach der Wirkung von Computerspielen. Erste Studien entstanden schon in den 1980er-Jahren, und noch heute erscheinen immer wieder neue Veröffentlichungen. Der Forschungsstand lässt sich kurz und knapp zusammenfassen: Unter bestimmten Umständen können Computerspiele bei bestimmten Personen vor allem kurzfristig aggressive Vorstellungen hervorrufen. Die oftmals als *Katharsis*-These bezeichnete Annahme, dass Gewalt, die in den Medien erlebt wird, Menschen „reinigt" (Katharsis = griechisch: Reinigung), ist widerlegt. Menschen werden durch die Nutzung gewalthaltiger Medien nicht friedfertiger. Sie werden, langfristig, aber auch nicht grundlegend aggressiver oder gewalttätiger. Der Verdacht, Menschen lernten durch Medien, dass vorwiegend aggressive Strategien zum Erfolg führen, lässt sich für kurzfristige Wirkungen zwar bestätigen, und auch einige wenige Längsschnittstudien glauben, dies belegen zu können. Es zeigt sich aber, dass die Verbindung zwischen aggressiven Gedanken und aggressiven Handlungen keineswegs so klar ist wie vermutet. Die Jugend verroht keineswegs durch Computerspiele. Es gibt keinerlei Befunde über irgendeine Form von Gewaltverbrechen, die sich auch nur ansatzweise mit der Nutzung von Computerspielen erklären lässt. Zumindest in westlichen, demokratischen Gesellschaften werden die Menschen, obwohl sie mehr am Computer spielen, eher friedlicher. Wenn es zu Gewaltexzessen kommt, dann hat dies meist andere Auslöser (von Fremdenfeindlichkeit, Armut, politischem Fundamentalismus bis hin zu Drogenkonsum).

Computerspiele sind in ihrer Gewaltwirkung auch nicht grundlegend anders als bereits etablierte Medien. Gerade die aufgezeigten Meta-Studien zum Thema liefern Befunde, die vergleichbar mit den Ergebnissen zum Fernsehen sind. Worüber man in der Forschung immer noch relativ wenig weiß, sind zwei Dinge: a) Welche Eigenschaften von Computerspielen führen besonders zu aggressiven Gedanken (oder gar Handlungen), und b) bei wem sind die Wirkungen besonders problematisch?

Computerspiele sind grafisch-visuell und vor allem akustisch immer (hyper)realistischer geworden. Damit ist auch die Gewaltdarstellung bei einigen Spielen immer deutlicher geworden. Nur wenige Studien haben sich dieser technologischen Entwicklung gewidmet. Werden Wirkungen also stärker, wenn die Darstellung deutlicher, eindringlicher wird?

Auf der anderen Seite haben sich Menschen immer mehr an gewisse Darstellungsformen gewöhnt. Kritiker mögen hier von Abstumpfungsreaktionen sprechen. Gemeint ist, dass Menschen ihre Nutzungsgewohnheiten immer im Verlauf der Entwicklung eines Mediums anpassen. Ein Fernsehzuschauer in den 1960er-Jahren wäre von der heutigen Fernsehwelt mit ihren unzähligen Formaten, Spartensendern, Laufbändern, Schnitten etc. vermutlich komplett überfordert. Ein heutiger Kinderfilm ist so komplex, dass, könnte man damit nur 30 Jahre in die Vergangenheit zurückreisen, selbst Erwachsene überfordert wären. Kinder haben aber auf beeindruckende Weise gelernt, solchen Geschichten zu folgen. Und ähnlich verhält es sich bei den Computerspielen: Nutzer haben gelernt, die neuen Nutzungsmöglichkeiten und Darstellungsformen einzuordnen. Spiele haben sich nicht schlagartig von einfachen Pixel-Ansammlungen zu foto-realistischer Grafik gewandelt, der Prozess verlief kontinuierlich. Es ist also durchaus möglich, dass immer realistischere Grafik nicht zwangsläufig zu erhöhten Gewaltwirkungen führt.

Der *Uncanny-Valley-Effekt* zeigt zum Beispiel auf, dass sich Menschen schwerer mit Charakteren identifizieren können, wenn ein gewisses Maß an Realismus überschritten wird. Scheinbar realistische Spielfiguren fangen an, unheimlich zu wirken. Wirkungen könnten somit durchaus schwächer werden. Die Wirkung des Sounds von Computerspielen wiederum ist so gut wie gar nicht untersucht. Dabei dürfte es deutliche Unterschiede geben, je nachdem wie Inhalte von Musik, Geräuschen und weiteren akustischen Spezialeffekten begleitet werden.

Die Einbettung von Gewalt ist ein weiterer Faktor, der die Wirkung von Gewaltdarstellungen verändern kann. So zeigen einige Untersuchungen, dass die Nutzung von Computerspielen nicht losgelöst von eigenen Moralvorstellungen ist. Das Spiel ist zwar eine rein fiktiv gerahmte Handlung, aber alles mögen selbst die hartgesottensten Spieler nicht: Im Jahr 2009 wurde das Spiel *Call of Duty Modern Warfare 2* veröffentlicht. In der Originalversion war eine Episode enthalten, in welcher der Spieler wahllos auf unbewaffnete Figuren schießen musste („No Russian"). Die ganze Episode war eingebettet in die Rahmenhandlung des Spiels. Anders als vielfach porträtiert, diente die Mission nicht zum hemmungslosen Ausleben von Gewalt gegen Unschuldige, sondern sollte den Spieler vor eine Art moralisches Dilemma stellen: Als Undercover-Agent sollte man den Anweisungen des klassischen Schurken im Spiel folgen. Diesen wollte man, wie in vielen Hollywood-Filmen auch, als besonders rücksichtslos kennzeichnen. In der Gaming-Community stieß diese Episode jedoch nicht auf uneingeschränkte Begeisterung. Viele Spieler, aber auch Gaming-Journalisten nahmen ausgesprochen kritisch Stellung. Eine solche Mission erweise dem Medium einen Bärendienst. Sie sei inhaltlich nutzlos und befeuere nur das negative Image von gewaltfördernden Spielen. Die Chefredaktion des Magazins *GamePro* titelte gar „Modern Warfare 2 killt die Spielkultur". In der in Deutschland erschienenen Version des Spiels war diese Spielepisode dann auch abgemildert.

Ungerechtfertigte Gewalt in Computerspielen wird auch von (vielen) Computerspiel-Enthusiasten nicht gutgeheißen. Wissenschaftliche Studien zeigen, dass es nicht an der Gewalt an sich liegt, sondern daran, wie sie durch die Geschichte des Spiels beschrieben wird. Spielt man selbst die Bösen, fühlen sich viele Spieler schuldig, obwohl alles ja nur ein Spiel war. Im Jahr 2012 fügte *Spec Ops: The Line* dieser Debatte eine neue Facette hinzu. Dieses Spiel führt dem Spieler im Laufe der Story die Konsequenzen seiner Handlungen vor Augen. In einer bekannten Szene wird der Spieler zum Beispiel mit den entstellten zivilen Opfern eines Phosphor-Angriffs konfrontiert, den er selbst kurz zuvor angeordnet hat. Ein Spiel wie *Spec Ops: The Line*, das darauf angelegt ist, die Spieler zum Nachdenken über Gut und Böse zu bringen, wird vermutlich zu anderen Wirkungen beitragen als ein weniger komplexer Shooter. Die Forschung ist immer noch dabei, sich solchen Nuancen zu widmen, und es wird spannend zu sehen sein, unter welchen Bedingungen welche Wirkungen zu erwarten sind.

Wer jedoch ist besonders von Gewaltwirkungen betroffen? Eine einfache Antwort wäre hier nun: die, die am schutzlosesten sind, die Kinder. Auf einer Ebene ist dies sogar eine sinnvolle und vernünftige Antwort. Aber wie man an der Debatte um den deutschen Jugendmedienschutz gesehen hat, stehen hier nicht so sehr die Kinder im Vordergrund, sondern eher die Jugendlichen und jungen Erwachsenen. Was passiert, wenn ein Kleinkind einen Shooter spielt? Zunächst einmal – so ist zumindest zu hoffen – gar nichts, weil es mit der komplizierten Steuerung nicht zurechtkommt und das Spiel gar nicht starten kann. Wenn es aber dann doch spielt? Wird es danach gewalttätig und aggressiv? Möglich. Genauso wahrscheinlich ist es aber, dass es sich stark ängstigt, Alpträume bekommt. Ab welchem Alter ändert sich dies dann? Es mag auch 12-Jährige geben, die auf einen solchen gewalthaltigen Medieninhalt aggressiv reagieren. Manche werden aber auch hier eher verängstigt sein. Selbst die Wirkung auf Kinder und Jugendliche ist vielschichtig, und es sind nicht immer nur die Kleinsten, die besonders anfällig sind. Ein Computerspiel wird auf einen 10-Jährigen anders wirken als auf einen Erwachsenen. Die Wirkung wird aber auch anders sein, wenn der 10-Jährige zu Hause mit seinen Eltern spielt oder heimlich bei seinen Freunden. Es wird auf einen Jungen, der nach Action und Abenteuer sucht, anders wirken als auf ein Mädchen, das sehr emphatisch, sehr mitfühlend ist. Alter, Geschlecht und soziales Umfeld sind nur einige Kategorien, die Einfluss auf alle Arten von Wirkungen haben. Persönliche psychische Vorbedingungen, aber auch momentane Gemütszustände sind weitere Einflussvariablen. Spiele ich einen gewalthaltigen Shooter sozusagen als Belohnung für einen anstrengenden und erfolgreichen Arbeitstag, wird die Wirkung fundamental anders sein, als wenn ich das gleiche Spiel an einem Tag voller Enttäuschungen spiele, eventuell sogar nach dem zweiten oder dritten Bier. Wobei hier allein durch die gesunkene Konzentrationsfähigkeit schnell noch mehr Frustration auftreten wird. Die Forschung beginnt allmählich, sich diesen komplexen Fragestellungen zu widmen. Dabei stellt man sich nicht mehr die Frage, wann denn nun die gefährlichste Wirkung auftritt, sondern wann und unter welchen Umständen welche Wirkung überhaupt auftritt.

Kurzum, die Wirkung von Computerspielen und insbesondere die Gewaltwirkungen sind vielfältig. Sie betreffen eher kurzfristige Vorstellungen, nicht so sehr konkretes Verhalten, und sind in ihrer genauen Ausgestaltung abhängig von einer Vielzahl an Faktoren. Zu sagen, es gebe keine negativen Wirkungen auf Aggressivität und Gewaltbereitschaft, ist demnach genauso verkürzend, wie zu behaupten, Computerspiele seien maßgeblich für bestimmte Gewaltphänomene verantwortlich.

Forschungsstand: Computerspiele und Abhängigkeit

Mit dem Boom der Online-Spiele etwa ab 2005, mit Spielen wie *EverQuest* und später *World of Warcraft*, entstand zunehmend Besorgnis, Computerspiele könnten nicht nur gewalttätig, sondern darüber hinaus süchtig machen. Computerspiele wurden als „Heroin aus der Steckdose" bezeichnet. Immer wieder fanden sich in der Boulevardpresse Berichte über Jugendliche, die nach tagelangem Zocken vor Erschöpfung tot zusammengebrochen waren. Meist ging es dabei um Online-Spiele oder, genauer gesagt, Massive Multiplayer Online-Roleplaying Games (MMORPGs). Diese Spiele bilden „persistente" Welten, d. h. Welten, die sich permanent weiterentwickeln, egal ob der Spieler „eingeloggt" ist oder nicht. Beendet man ein Computerrollenspiel und lädt den Spielstand neu, dann befinden sich die Helden exakt an der gleichen Stelle, mit der gleichen Ausrüstung. Dies ist auch bei MMORPGs der Fall. Hier aber hat sich die Welt verändert. Man trifft auf Spieler, die beim letzten Spiel noch unbedeutend waren, sich nun aber deutlich weiterentwickelt haben. Es entstehen neue Gebiete. Ein einmal besiegter Gegner bleibt besiegt, und man kann das Spiel nicht einfach neu laden bzw. er kann nur zu festgelegten Abständen besiegt werden, immer dann, wenn es in der Spielwelt zu einem entsprechenden Ereignis kommt. Gespielt wird dabei nicht allein, sondern in einer Gruppe, denn nur gemeinsam lassen sich die großen prestigebringenden Aufgaben bewältigen, von denen die Spielerwelt innerhalb und außerhalb des Spiels spricht. Überhaupt, gesprochen wird viel in solchen Spielen. Studien zeigen, dass ein Großteil der Gespräche sich nicht um das Spiel an sich dreht, sondern um die Gefühle und Bedürfnisse der Spieler. Da verwundert es nicht, dass virtuelle und teils auch reale Hochzeiten in *World of Warcraft* gefeiert werden – und es auch in die traditionelle Medienberichterstattung schaffen. Die Welt der MMORPGs ist faszinierend, weil sie die Gemeinschaft fordert und fördert. Spieler schließen sich in Gilden zusammen, die einem Regelwerk unterliegen, wie man es aus Vereinen kennt (und wie es sich auch bei den Clans der Shooter-Spiele findet). Dies führt zu für Außenstehende befremdlich anmutenden Entwicklungen: Eine Diebesgilde bspw. gibt sich die Regel „Du sollst nicht stehlen", womit natürlich nur die Mitglieder der eigenen Gilde gemeint sind.

Gleichzeitig bauen die meisten MMORPGs aber auch viele Smartphone-Spiele, wie am Beispiel *Gwent* skizziert, auf einem recht einfachen, motivationssteigernden Mechanismus auf: Erfolge im Spiel werden mit „Leveln" belohnt, an denen man seine Spielfigur weiter entwickeln, zum Beispiel neue Fertigkeiten freischalten kann. Zauberer erlernen neue Zaubersprüche, Krieger bessere Kampfkunststücke. Während die ersten Level aber noch relativ leicht zu erreichen sind, dauert es, je länger man spielt, umso länger, einen Aufstieg zu erzielen. Finden sich bei Offline-Rollenspielen, die man allein spielt, schon Spielzeiten von fünfzig bis hundert Stunden, kommt es bei bestimmten gemeinschafts- oder wettbewerbsorientierten Spielen schnell zu Spielzeiten von mehreren hundert oder gar tausend Stunden.

Diese Spielmechanik kombiniert mit dem sozialen Charakter der Spiele, dem sozialen Austausch, aber auch den sozialen Verpflichtungen, die man im Spiel eingeht, führt dazu, dass Spieler oftmals sehr viel Zeit in ein Spiel investieren. Wenn sich eine zehnköpfige Truppe am Rechner zu einem Treffen verabredet und der geplante Kampf im Spiel nicht eine, sondern drei oder vier Stunden dauert, wird man kaum das Spiel unterbrechen können, denn der Kampf geht weiter, egal ob man im Spiel bleibt oder nicht. Wenn man einfach ausschaltet, lässt man seine Freunde hängen, und so bleibt man im Spiel, auch wenn es schon zwei Uhr am Morgen ist. Viele Spiele und Spielwelten belohnen lange Nutzungszeiten auch. Wer viel Zeit ins Spiel investiert, kommt weiter: Die Spielfigur erreicht neue Level, erhält neue Gegenstände, der Spieler steigert seine Reputation. Im Endergebnis führt dies dazu, dass Spieler mehr Zeit in ihr Spiel investieren, als sie vielleicht möchten. Die Wissenschaft spricht bei solch langen Nutzungszeiten von exzessiven Spielen. Dabei ist schon kritisch, was als „exzessiv" gilt. Sicherlich wird man bei Nutzungszeiten von mehr als fünf Stunden pro Tag, oder knapp unter 40 h in der Woche, von einer exzessiven Mediennutzung sprechen können. Gleichzeitig entspricht dieser Wert aber dem durchschnittlichen Fernsehkonsum eines über 60-Jährigen in Deutschland.

Allein der Begriff „exzessiv" ist also schon schwierig zu definieren, und es fehlen hier eindeutige, objektive Kriterien. Noch problematischer wird es, Sucht oder Abhängigkeit zu definieren. Wie ist nun der Forschungsstand zum Thema Computerspielabhängigkeit und Sucht? Ob ein Junge oder ein Mädchen computerspielabhängig ist, kann nicht mit einem einfachen Test bestimmt werden. Zumindest führen genau diese einfachen Fragebogentests immer wieder zu deutlich unterschiedlichen Werten. Je nach Studie sind zwischen 0,2 % und mehr als 10 % der Bevölkerung, der Jugendlichen, der Spieler computerspielabhängig – auch die Grundlagen der Untersuchungen unterscheiden sich deutlich. Was ist aber Computerspielsucht? Exzessive Mediennutzung ist hierfür eine notwendige, aber noch lange keine hinreichende Bedingung. Die Suchtforschung hat sechs weitere Kriterien herausgearbeitet: 1. *Salienz*. Das Suchtmittel bzw. dessen Konsum ist die wichtigste Aktivität im Leben und bestimmt die Gedanken und Gefühle. Auf Englisch spricht man vom sogenannten „Craving", der Raucher beispielsweise umgangssprachlich vom „Schmacht". Es geht nicht mehr ohne. 2. *Stimmungsanpassung*. Man erlebt positive Gefühle, das „High", nur noch durch das Suchtmittel. 3. *Toleranzentwicklung*. Reicht am Anfang noch ein Schnaps, muss es irgendwann die ganze Flasche sein. Ein, zwei Stunden *World of Warcraft* oder *Fortnite* sind nicht genug, es werden fünf, sechs oder auch mal zwanzig Stunden. 4. *Entzugserscheinungen*. Ist das Suchtmittel nicht mehr verfügbar, kommen unangenehme Gefühlszustände, bis hin zu körperlichen Leiden, Angst, Zittern, das stärker werdende Bedürfnis, die nächste Runde zu spielen. 5. *Konflikt*. Viele Süch-

tige haben die Situation vermeintlich im Griff, aber tatsächlich kommt es zu Konflikten. Der Job geht verloren, die Beziehung in die Brüche. Soziale Verpflichtungen können nicht mehr eingehalten werden. Reißerische Anekdoten berichten dann davon, dass *World of Warcraft*-Spieler sich Windeln anziehen, weil sie nur noch für ihr Spiel leben.
6. *Rückfälle.* Zwar gelingt es Süchtigen auch mal, ohne das Suchtmittel zu leben, es kommt aber immer wieder zurück. Nach zwei Wochen ohne Alkohol folgt der umso heftigere Absturz.

All diese Kriterien gelten für alle stoffgebundenen Suchtmittel, wie Alkohol, Tabak, Heroin oder Kokain. Nehme ich diese regelmäßig zu mir, wird es je nach Mittel sehr wahrscheinlich, dass ich selbst süchtig werde. Die beruhigende Nachricht zuerst: Kein Forscher wird Computerspiele mit diesen stoffgebundenen Süchten gleichsetzen. Selbst in Spielen, die, wie oben beschrieben, auf hohe Nutzungszeiten ausgelegt sind, ist nichts enthalten, das zwangsläufig zur Sucht führt. Computerspielsucht ist eine stoffungebundene Sucht, ähnlich wie die Spielsucht (am Automaten) oder die Kaufsucht. Computerspielsucht kann aber all jene Kriterien erfüllen, die oben beschrieben wurden.

Will man den Forschungsstand zum Thema Computerspielsucht zusammenfassen, kann man von drei verschiedenen „Suchttypen" sprechen. Zunächst einmal die exzessiven Spieler. Dies sind Personen, die viel Zeit mit ihrem Hobby verbringen, die das Spielen zum Leben brauchen, die vielleicht auch mal an Entzug leiden. Ihre Spielnutzung führt jedoch nicht zu Konflikten. Solche exzessiven Akteure finden sich bei vielen Freizeitbeschäftigungen – beim Sport, beim Musikmachen – und in der Arbeitswelt. Hier wird trotzdem nicht von Sucht oder Abhängigkeit gesprochen. Dann gibt es wiederum diejenigen Personen, bei denen Konflikte auftreten. Es handelt sich um Spieler, die einen Job, einen Studienplatz oder einen Partner aufgrund des Spielens verloren haben. Viele dieser Süchtigen kommen aber ohne fremde Hilfe aus dieser Phase wieder heraus. Oftmals ist die vermeintliche Spielsucht nicht so sehr Ursache, sondern Symptom. Die Beziehung ist nicht am Spielen gescheitert, sondern weil die Beziehung immer schwieriger wird, zieht sich ein Partner immer mehr ins Spielen zurück, was das Scheitern nur beschleunigt. Ein neuer Partner, ein Studium, das besser passt, neue Freunde – und die „Sucht" ist besiegt. Dies mag verharmlosend klingen, gerade wenn solche Episoden von massiven Problemen gekennzeichnet sind. Wichtig ist jedoch festzuhalten, dass hier das Computerspiel meist Ursache und Wirkung zusammen ist. Solche Probleme entstehen besonders in Umbruchsituationen, wenn Menschen ohnehin anfällig sind. Ortswechsel wegen Ausbildung oder Studium sind hier besonders typische Auslöser. Die vermeintliche Computerspielsucht geht einher mit weiteren, psychischen und sozialen Problemen, verschwindet aber wieder.

Die dritte Form der Computerspielabhängigkeit ist die, die wohl am seltensten zu finden, aber auch am problematischsten ist und die auch inzwischen als psychische Erkrankung anerkannt ist: Hier verschwindet die Sucht nicht einfach so, sie bleibt. In der Tat schaffen es die Süchtigen nicht mehr, ein geregeltes Leben zu führen. Solche Fälle werden dann in den beschriebenen Computerspielambulanzen oder Psychiatrischen Kliniken behandelt. Auffällig ist, dass auch hier die Computerspielsucht nahezu ausnahmslos mit anderen psychischen Erkrankungen einhergeht – von substanzgebundenen Süchten bis hin zu Depressionen. Zwar handelt es sich nicht um zahlenmäßig viele Fälle, diese sind dafür umso kritischer. Hier ist es durchaus angemessen und mittlerweile auch klinisch festgelegt, von Computerspielabhängigkeit (Gaming Disorder) zu sprechen und therapeutische Maßnahmen einzuleiten.

Zu diesen drei Typen sollte noch ein vierter hinzugefügt werden: der behütete „Normalnutzer", der 12-Jährige, der nur noch von seinem neuen „Game" redet, der es am liebsten jeden Tag spielen würde, dessen Eltern nach zwei Stunden aber gleich den Stecker ziehen und nach dem verpassten Handballtraining gleich die psychosoziale Beratungsstelle informieren. Mehr oder weniger intensive Beschäftigung mit einem Hobby ist normal, und Games weisen da nicht unbedingt ein höheres Suchtpotenzial auf als andere Aktivitäten. Was bestimmte Spiele jedoch zum Problemfall werden lässt, ist ihre innere Logik, die auf lange Beschäftigung, soziales Miteinander und damit verbunden auch sozialen Druck ausgelegt ist, was sie für manche Menschen zu mehr werden lässt als nur zu einem Hobby.

Die Covid-Pandemie 2020–2023 hat ferner auch dazu beigetragen, dass viele Aktivitäten Jugendlicher in Online-Welten gewandert sind. Spiele wie *Fortnite* sind immer mehr zum Teil der Jugendkultur geworden sind und haben teilweise zu einem deutlichen Anstieg der Nutzungszeiten geführt. Welche langfristigen Auswirkungen dies für mögliche Computerspielabhängigkeiten haben wird, kann aber erst in einigen Jahren beurteilt werden.

Die Forschungsbefunde zeigen, dass Computerspielsucht existiert, oftmals aber eher als Folge oder Begleiterscheinung anderer Erkrankungen und vermutlich nicht in dem gesellschaftlichen Ausmaß, wie in der Presse berichtet.

Forschungsstand: Computerspiele und Lernen

Computerspiele, so eine weitere Befürchtung, führen dazu, dass Kinder und Jugendliche immer schlechter lernen. Der ehemalige Leiter des Kriminologischen Forschungsinstituts Niedersachsen, Professor Christian Pfeiffer, sieht Computerspiele als mitverantwortlich für die gesunkenen Schulleistungen von Jungen. Mädchen, die weniger spielen als ihre männlichen Altersgenossen, überholen die Jungs deshalb immer mehr in Mathe, Deutsch oder Englisch. Um zu erklären, welchen Einfluss Computerspiele auf schulische Leistungen haben, gibt es vier verschiedene Ansätze. Der prominenteste und auch am häufigsten bestätigte Ansatz geht davon aus, dass Computerspiele schlicht und einfach Zeit fressen. Sie nehmen Zeit weg, die besser zum Lernen genutzt werden könnte. Je mehr Zeit man daddelt, desto weniger Zeit bleibt, sich auf die Mathe-Prüfung vorzubereiten. Man spricht von einer Verdrängungs-Hypothese. Ansatz zwei und drei sind eng miteinander verwandt: Computerspiele führen dazu, dass andere Aktivitäten unattraktiv werden. Spiele sind aufregend und spannend, Hausaufgaben sind langweilig. Folglich investieren Kinder mehr Energie in die Spiele und weniger in die sinnvollen Aktivitäten. Dies betrifft dann, so der dritte Ansatz, gerade solche Schüler, die ohnehin schon Probleme haben, sich zu konzentrieren. Nach einem aufregenden, hektischen Computerspiel fehlt die Konzentration, sich dem Schulstoff zu widmen.

Gerade die Verdrängungshypothese ist gut untersucht, und es finden sich, weltweit, vielfältige Befunde, die diese These bestätigen. Gleichzeitig existieren aber einige nicht zu vernachlässigende Studien, die eben keine Verdrängung und insgesamt keinen Zusammenhang zwischen der Computerspielnutzung und der Schulleistung aufzeigen. Solche Studien folgen meist der vierten Perspektive, der sog. Dritt-Variable-Hypothese. Diese Studien belegen, dass der sozio-ökonomische Status der Familie immer noch der beste Indikator für Bildungserfolg ist. Kurz: Das Kind aus dem wohlsituiertem Akademiker-Haushalt wird eher Abitur machen (und vermutlich auch mit besseren Noten) als das Kind aus dem bildungsfernen Bürgergeld-Haushalt, unabhängig davon, wer wie viel Computerspiele spielt. Tatsächlich zeigt sich, dass Computerspiele, wenn überhaupt, nicht der wichtigste Faktor sind, um Schulleistung vorherzusagen. Sie haben einen negativen Einfluss auf Schulleistung, wenn sie exzessiv und unreguliert genutzt werden. Gerade in bildungsfernen Haushalten finden sich oftmals eher unregulierte Nutzungsmuster. Hier darf das Kind besonders lang und ohne Kontrolle Medien wie Computerspiele nutzen. Würde ein weniger an Computerspielen also die Schulleistungen verbessern? Vermutlich ja, aber vermutlich auch nicht so stark, wie erhofft. Ein Problem der Verdrängungshypothese ist auch, dass sie auf der Annahme fußt, die Zeit, die durch Computerspielen verdrängt wird, sei Zeit, die zum Lernen genutzt werden könnte. Vermutlich würde die bei einer Reduzierung des Spielens frei werdende Zeit aber einfach mit einer anderen medialen Beschäftigung zugebracht.

Was alle drei Bereiche negativer Wirkung – Gewalt, Abhängigkeit, nachlassender Schulerfolg – gemeinsam haben, ist die Tatsache, dass Wirkungen immer durch ein komplexes Zusammenspiel unterschiedlicher Faktoren entstehen. Was für die meisten Kinder, Jugendlichen oder Erwachsenen unproblematisch sein kann, was weder zu Aggressivität, Abhängigkeit oder Schulversagen führt, kann für Einzelne zum Problem werden – oder gar im schlimmsten Fall in Depression, Selbstmord oder Amoklauf enden. Keine Studie hat jedoch belegt, dass Computerspiele daran die Hauptschuld tragen. Sie können eines dieser kleinen Mosaiksteine sein, die das Gesamtbild ergeben. Wahrscheinlicher ist jedoch, dass Computerspiele, wenn sie zu negativen Wirkungen führen, dies eher kurzfristig und situationsabhängig tun. Negative Wirkungen sind also nicht zu verharmlosen, sie sind aber keineswegs so wirkmächtig wie oftmals gedacht. Sie sind durchaus vergleichbar mit nahezu allen Freizeitaktivitäten, die

Spaß machen und denen Menschen sich freiwillig widmen. Anders als viele dieser Alternativen sind sie jedoch verhältnismäßig kostengünstig, einfach und bequem. So lange Computerspiele zu spielen, bis die Schulnoten darunter leiden, ist vermutlich einfacher als ähnlich lange für eine Sportart zu trainieren.

So beruhigend es also ist, dass Computerspiele – und hier ist die Forschung, anders als Computerspielgegner wie Manfred Spitzer es immer wieder kundtun, relativ einig – nicht die wirkungsvollen Verführer im Kinderzimmer sind, so kritisch ist zu sehen, dass Computerspiele auch nur eingeschränkt positive Wirkungen entfalten können. Wie in Kap. 5 beschrieben, sprachen einige Forscher Computerspielen ein großes Potenzial für die Bildung zu. Durch *Serious Games* sollten Schüler und Studenten ganz neue Lernwelten kennenlernen. Jeder kann in seinem eigenen Tempo lernen, ist nicht mehr abhängig vom Lehrer. Man bringt sich die Inhalte selbst und interaktiv bei. Genauso, wie man aus gewalthaltigen Computerspielen „Gewalt lernen" kann, kann man mit Computerspielen auch andere Dinge lernen, z. B. Geschichte, Physik oder Mathe. Neuere sogenannte Educational Games versuchen dabei nicht mehr nur, den Lerninhalt sozusagen in „Schokolade" zu kleiden, sondern verbinden Spiel, Unterhaltung und Lernen. Man spielt und erwirbt, ohne es zu müssen, nebenbei Wissen. Es zeigt sich auch, dass Computerspiele in der Tat erfolgreicher als zum Beispiel ein Anleitungs- oder Lehrvideo sein können, aber keinesfalls zu einer Revolution im Klassenzimmer führen. Ohne ausgefeilte didaktische Konzepte nützen auch Educational Games nichts. Das Spiel *Re-Mission* (siehe Kap. 5) war deshalb so erfolgreich, weil es für einen spezifischen Kontext, für krebserkrankte Jugendliche im Rahmen einer Therapie, angewendet wurde. Computerspiele können Kinder und Jugendliche für ein Thema begeistern und somit beim Lernen unterstützen, sie können aber auch genauso gut vom Wesentlichen ablenken. Es kommt auf die Einbettung in den Unterricht an. Neben vielen erfolgreichen Beispielen, in denen es Forschern gelungen ist, mit einem Computerspiel Wissen zu vermitteln, finden sich in den Schubladen der Universitäten mindestens genauso viele Studien, die aufzeigen, wann und wie man gescheitert ist.

Dennoch bleibt gerade auf diesem Gebiet noch mehr zu forschen. Denn die ermutigenden Befunde zeigen, dass Spiele in der Tat eine geeignete Methode sein können, Lernen attraktiv und erfolgreich zu machen. So wie der Bildungsfilm (auf dem wackligen 16 mm-Projektor) in der letzten Stunde vor den Ferien ein elementarer Bestandteil der Schule war, so kann dies auch ein neues Smartphone-Spiel sein, mit dem sich Lehrer und Schüler gemeinsam in die Ferien verabschieden. Diesmal wird der Unterschied jedoch sein, dass das Spiel den Schülern auch noch Spaß machen wird.

Forschungsstand: Computerspiele und Unterhaltung

Nicht nur positive und negative Wirkungen von Computerspielen stehen mittlerweile im Vordergrund der Forschung, sondern auch die Frage: Warum machen Computerspiele eigentlich Spaß? Warum spielen Jung und Alt Computerspiele? Galt die wissenschaftliche Auseinandersetzung mit solchen Fragen noch vor wenigen Jahren als verpönt, hat sie mittlerweile an wissenschaftlicher Bedeutung gewonnen. Computerspiele sind in der Mitte der Gesellschaft angekommen. Sie haben sich als Medium etabliert. Sie sind ein wichtiger Medienmarkt geworden, und Menschen verbringen, freiwillig und gerne, viel Zeit mit ihnen. Aus all diesen Gründen ist es nun auch legitim geworden, sich dem wichtigsten Grund zu widmen, warum Menschen Computerspiele nutzen: der Unterhaltung.

6 Was die Wissenschaft über Computerspiele weiß

Die Spielspaßforschung, genauer genommen die Forschung zum Unterhaltungserleben bei Computerspielen, hat etwa ab dem Jahr 2000 in der Wissenschaft an Bedeutung gewonnen. Sie zeigt: Es gibt vieles, was Menschen in Spielen finden können: von Thrill und Action bis zu Ruhe und Entspannung. Einige Aspekte scheinen besonders wichtig zu sein. So sind Computerspiele *spannend*. Wie bei allen Spielen entsteht Spannung dadurch, dass der Ausgang ungewiss ist. Dies ist ein wichtiges Element aller Unterhaltungsmedien. Schnappt die Polizei den Gangster? Kriegen sich die beiden Liebenden? Oder im Spiel: Geht der Schuss ins Tor und kommt jetzt gleich das *Tetris*-Klötzchen, das ich unbedingt brauche? Jedes Spiel schafft eine kleine magische Welt, mit eigenen Regeln und unklarem Ausgang. Was Spiele aber von anderen Angeboten wie zum Beispiel Filmen unterscheidet, ist, dass ich selbst dafür verantwortlich bin, wie es ausgeht.

Computerspiele sind *interaktiv*. Sie reagieren auf meine Eingaben. Dies kann das einfache Steuern einer Spielfigur sein. Es kann aber auch bedeuten, dass eine Entscheidung, die ich vor Stunden in einem Spiel getroffen habe, den ganzen späteren Verlauf der Handlung auf den Kopf stellt. Interaktivität ist nicht nur eine Eigenschaft der Computerspiele an sich, sondern Interaktivität entsteht vor allem in den Köpfen der Spieler. Es ist das Gefühl, mit und gegen etwas zu spielen, das auf die eigenen Handlungen reagiert.

Was Computerspiele aber besonders unterhaltsam macht, sind *Flow-Erfahrungen*. Der Psychologe Mihály Csíkszentmihályi interessierte sich dafür, wie und warum Menschen Glück empfinden, warum sich zum Beispiel Chirurgen trotz stundenlanger Arbeit als zufrieden beschrieben und andere Menschen, die weniger anstrengende und zeitaufwändige Tätigkeiten ausübten, als unglücklich. Der Grund liegt im sogenannten Flow. Ein Flow-Zustand entsteht, wenn Anforderungen und eigene Fähigkeiten in einem idealen Verhältnis zueinander stehen, wenn eine Aufgabe alle Fähigkeiten fordert, man damit aber auch Erfolg hat. Computerspiele verfügen oft über einen variablen Schwierigkeitsgrad. Sie können sich an die Fähigkeiten der Spieler anpassen und somit Flow-Erfahrungen liefern. Hinzu kommt ein wichtiger psychologischer Mechanismus: Spiele geben dem Spieler das Gefühl, selbst für Handlungen und Erfolge (aber auch Misserfolge) verantwortlich zu sein. Spieler empfinden sich also als *selbstwirksam*, so der psychologische Fachbegriff. Spannung, Interaktivität, Flow-Erleben und Selbstwirksamkeit tragen also dazu bei, Computerspiele als unterhaltsam zu erleben.

Computerspiele können aber auch noch mehr: Sie erzählen Geschichten, beinhalten bunte, vielschichtige Charaktere, mit denen man sich auseinandersetzen kann. Sie ermöglichen es, exotische Welten zu erkunden. Computerspiele geben den Spielern das Gefühl, in einer anderen Welt zu sein. Die Forschung spricht hier vom *Präsenz-Erleben*. Man ist zwar nicht in einer anderen Welt, aber man fühlt sich so, als wäre man es. Romane, Filme und Geschichten aller Art sind in der Lage, solches Präsenz-Erleben zu ermöglichen, aber Computerspiele bieten aufgrund ihrer Interaktivität ganz besondere Möglichkeiten. Flow und Präsenz-Erleben sind angenehme Zustände, führen auch zu einer Art Selbstvergessenheit. Die Zeit vergeht, ohne dass man es merkt. Viele Diskussionen in Familien, wenn das Kind mal wieder zu lange am Computer gespielt hat und einfach nicht aufhören will, lassen sich mit diesen Erfahrungen begründen. Man ist einfach im Flow und vergisst andere Dinge. Manche Menschen erleben dies bei einer guten Oper, manche beim Sport, Computerspieler recht häufig beim Spielen.

Ganz allgemein faszinieren Computerspiele vor allem, weil sie eine Vielzahl an menschlichen Bedürfnissen befriedigen. Etliche Forschungsarbeiten haben sich damit befasst. Ein zentrales Bedürfnis wurde schon vorgestellt: Das Bedürfnis, kompetent zu sein. Computerspiele ermöglichen es Menschen, sich als kompetent darzustellen. Sie schaffen Erfolgserlebnisse. Wenn der Sprung im zehnten Versuch endlich geklappt hat, wenn man alle Gegner ausgeschaltet hat, die schwierigsten Rätsel gelöst sind, dann fühlt man sich fähig und kompetent. Menschen sehnen sich nach solchen Gefühlen, und Computerspiele können ihnen dabei helfen. Ein zweites grundlegendes Bedürfnis ist das nach Gemeinschaft, nach sozialem Austausch. Viele Computerspiele ermöglichen es, sozial vernetzt zu spielen. Ganz einfach geschieht dies über den zweiten Controller bei der Spielekonsole, komplizierter wird es bei all den unterschiedlichen Formen der Vernetzung über das Internet. Aber auch hier gilt: Gemeinsames Spielen macht Spaß. Man tauscht sich aus, man ist Teil einer realen oder auch nur virtuellen Gemeinschaft.

Deutlich wird an diesem Forschungsüberblick auch, dass die Unterhaltungsforschung zu Computerspielen stark psychologisch geprägt ist. Sie untersucht, welche psychologischen Variablen die Entstehung von Spielspaß erklären können. Führt das sog. Präsenz-Erleben, das Gefühl in eine fremde Welt eintauchen zu können, zu mehr Spielspaß? Oder liegt es am Selbstwirksamkeits-Erleben? Oder an einer Kombination aus beidem? Können neue Technologien den Spielspaß erhöhen? Unterscheiden sich Männer und Frau darin, was sie von Spielen wollen und wie sieht es beim vernetzten Spielen aus? Mit Hilfe der Unterhaltungsforschung beginnen wir zunehmend zu verstehen, warum sich Menschen Computerspielen zuwenden und welche Aspekte ihnen dabei besonders Freude bereiten. Auch wenn sich Unterhaltungsforschung einem spaßigen Thema widmet, wendet sie ebenso streng wissenschaftliche Verfahren an wie die Wirkungsforschung. Aktuelle Studien konnten zeigen, dass Computerspiele in der Lage sind, schlechte Stimmungen (Langeweile, Frustration) aufzufangen. Dies aber nur, wenn sich ihr Anforderungsprofil eher im mittleren Bereich bewegt. Wenn der Spieler also für viele Dinge selbst verantwortlich war, bei manchen aber vom Spiel an die Hand genommen wurde. Kleinere Casual Games wiederum erwiesen sich als hilfreich, Menschen nach anstrengenden Tätigkeiten wiederaufzubauen.

Fazit zum Forschungsstand

Ein Kapitel über den Forschungsstand zum Thema Computerspiele muss notwendigerweise unvollständig bzw. abstrakt bleiben. Nicht nur die Wirkungsforschung bringt immer neue Studien hervor, auch die Unterhaltungsforschung widmet sich ständig neuen (psychologischen) Mechanismen. Die gesamte soziologisch orientierte Forschung wurde in diesem Abschnitt nahezu ignoriert. Welche Rolle spielen Computerspielgemeinschaften? Wie entwickeln sich Gaming-Kulturen in Deutschland, den USA, Japan oder gar im Iran? Ein eigenes Kapitel könnte man Kindern und Jugendlichen widmen. Ja, sogar die Computerspielnutzung bei Senioren ist ein eigenes Forschungsfeld, und mittlerweile ist auch schon ein eigenes Fachmagazin zur Nutzung von Computerspielen im Gesundheitsbereich erschienen. Junge Medienwissenschaftler untersuchen, wie sich Handlungsmuster wandeln, welche psycho-analytischen Interpretationen sich für Horror-Spielreihen wie *Silent Hill* (1999–2012) anfertigen lassen oder wie Film und Spiel-Genre miteinander verschmelzen. Kultur- und sozialwissenschaftliche Arbeiten schauen sich genau an, welche Bedeutung Computerspiele für das Leben von Jugendlichen und Erwachsenen haben. Und auch die Möglichkeiten, Chancen aber auch Risiken der Plattformökonomie, die sich durch Spielewelten wie *Roblox* oder *Fortnite* (Kap. 4) ergeben, stoßen auf das Interesse der Forschung. Für manche (oft männliche) Jugendliche ist es ein wichtiger Teil ihrer Persönlichkeit, sich selbst als Gamer, als Spieler, zu sehen. Aber auch Frauen und Mädchen setzen sich immer mehr mit Spielen auseinander, sie entwickeln eigene Spielkulturen. Was passiert in den Foren zu Computerspielen? Wie ist das Verhältnis von YouTube und Gaming? Warum schauen sich tausende Menschen an, wie andere Menschen am Computer spielen? Die wissenschaftliche Auseinandersetzung mit Computerspielen ist dabei ebenso vielfältig wie die Computerspielewelten selbst und in den letzten Jahre noch vielfältiger geworden. Indem sich Spiele immer mehr ausdifferenzieren und es selbst innerhalb eines Spiels – wie *Roblox* oder *Fortnite* – unzählige Spielmodi gibt, wird es immer schwieriger von der einen Wirkung zu sprechen. Forschung widmet sich also auch immer mehr sehr spezifischen Aspekten von Computerspielen.

Nur einen Ausschnitt haben die vorherigen Ausführungen also beleuchten können. Will man eine Botschaft daraus mitnehmen, so ist es die, aufgeschlossen zu bleiben und den Blick über den eigenen Tellerrand zu wagen. Computerspiele sind ein akzeptierter Gegenstand der Forschung, und es gibt nicht die eine Wahrheit über sie. Dazu ist die Welt zu vielschichtig. Mittlerweile ist auch niemand mehr in der Lage, einen Forschungsstand vollständig zu überblicken. Dies mag ernüchternd klingen, ist aber andererseits auch sehr ermutigend, denn so bleibt immer noch viel zu entdecken, sowohl bei den Computerspielen selbst als auch innerhalb der Forschung.

7

Ausblick

Wie geht es weiter mit den Computerspielen? Welche Trends werden sich durchsetzen, und worüber werden wir in den nächsten Jahren noch reden? Das Abschlusskapitel wagt den Blick in die Glaskugel. Sechs Thesen stehen hier im Vordergrund, die sich mit den Möglichkeiten, Geschichten zu erzählen, mit der Entwicklung des Marktes und der Technologie von Computerspielen, aber auch mit den Veränderungen der gesellschaftlichen Debatten auseinandersetzen.

Als Computerspieler und Forscher ist es eine besondere Ehre und Freude, ein kleines informatives Buch über die Nutzung und Wirkung von Computerspielen zu schreiben. Dies Ganze auch noch losgelöst von den Fesseln des wissenschaftlichen Publikationsbetriebs und seinen akademischen Regeln. Auf den ersten Blick wirkt es einfach, das Hobby Computerspiele zu beschreiben. Aber je genauer man hinsieht, desto mehr stellt man fest, wie wenig man eigentlich weiß. Computerspiele entwickeln sich rasant weiter, und die Forschung möchte Anschluss halten. Als um das Jahr

2006 die virtuelle Welt Second Life plötzlich ins Licht der Öffentlichkeit rückte, versuchte die Forschung schnell, das Phänomen zu ergründen. Als nach gut einem Jahr der Hype abebbte, waren die meisten Studien noch lange nicht ausgewertet. Andererseits dauert es mittlerweile aber auch oftmals eine Zeit, bis die Forschung Spiele, die breit genutzt werden, als Gegenstand überhaupt wahrnimmt. So verzeichnet ein Spiel wie *Fortnite* seit 2017 knapp 14.000 Treffer in Google Scholar, der Datenbank für wissenschaftliche Quellen. Mehr als die Hälfte davon stammen aus der Zeit nach 2021. Zu *Roblox,* immerhin 2006 auf Windows erschienen, finden sich knapp 5800 Einträge, wovon nahezu alle nach 2019 erschienen sind.

Das Faszinierende an Computerspielen ist, dass sie immer wieder überraschen – mit neuen Spielideen, Nutzungsformen und Technologien zum Spielen. Aus wissenschaftlicher Sicht ist das Faszinierende, dass sie so unterschiedliche Facetten berühren. Sie fordern die Psychologie heraus, Handlungen in ihren virtuellen Welten zu erklären, und sie hinterfragen Ansichten der Film- und Literaturwissenschaft, wie Geschichten erzählt werden. Sie brechen immer wieder mit unseren Erwartungen.

Computerspiele sind ein recht neues Medium, jünger als das Buch, der Film oder das Fernsehen. Sie sind aber deutlich älter als andere technologische Entwicklungen wie das Internet oder das Mobiltelefon. Will man Computerspiele verstehen, hilft es, ihre Entstehungsgeschichte zu betrachten und zu verfolgen, wie sich bestimmte Spielformen entwickelt haben, wie neue Genres entstanden sind, wie das Zusammenspiel zwischen Hardware und Software ausgerichtet ist. Es ist sicher hilfreich, selbst ein Computerspiel zu spielen und selbst einmal die Frustration zu erleben, eine Aufgabe auch im 25. Versuch nicht gelöst zu haben, wieder am gleichen Sprung, am gleichen Gegner gescheitert zu sein. Denn nur so kann man auch die Freude verstehen, die man erlebt, wenn es dann doch geklappt hat. Nur so kann man verstehen, warum man manchmal beim Blick auf die Uhr erschrickt, weil man wieder viel zu lang an einer eigentlich banalen Aufgabe gesessen hat.

Computerspiele, dies sollte dieses Buch aufzeigen, sind mehr als Gewalt und Abhängigkeit. Sie sind aber auch nicht die Heilsbringer des Bildungswesens, das vollkommen risikolose Hobby. Sie sind faszinierend, spannend und vielfältig, und sie müssen sich immer noch behaupten. Sie haben nicht den Status, den das Theater oder die Oper hat. Sie haben noch nicht einmal das gleiche Standing wie der Film oder auch nur das Fernsehen. Kaum ein Elternteil wird seinem Kind sagen: „Komm, jetzt spiel doch mal wieder was am Computer und lies nicht so viel."

Was aber wird die Zukunft bringen? Wie sehen die Computerspiele der Zukunft aus, und worüber wird man dann noch diskutieren? Dieses Buch soll mit einigen durchaus provokanten Thesen enden. Das Interessante dabei ist, dass fünf dieser sechs Thesen schon so für die erste Auflage dieses Buchs aufgestellt werden konnten und weitere Unterstützung bekommen haben.

These 1: Es wird noch lange dauern, bis der Literaturnobelpreis an ein Computerspiel vergeben wird

Im Jahr 2016 erhielt der Musiker Bob Dylan den Literaturnobelpreis. Gewürdigt wurde damit, dass literarische Leistungen auch abseits der klassischen Gattungen erbracht werden können. Songtexte können Literatur sein. Vielleicht ist es in der Tat an der Zeit, die Grenzen der Literatur zu öffnen. Vielleicht sollten erzählerische Leistungen generell mit einem Nobelpreis bedacht werden. Auf der Warteliste stünde hier zunächst der Film als erzählerisches Medium. Die Geschichten, die Filme erzählen, sind ähnlich komplex wie ein Roman. Viele Filmschaffende und Filmwissenschaftler werden gerne unterschreiben, dass der Film ein anspruchsvolles, kulturell wertvolles erzählerisches Medium ist. Sollte er also ähnlich gewürdigt werden wie die „klassische" Literatur?

Auch viele Computerspiele erzählen Geschichten. Sind sie ebenfalls nobelpreisverdächtig? Die ernüchternde Antwort lautet: größtenteils nicht. Viele erzählerische Computerspiele präsentieren Storys, die sich auf dem Niveau eines Hollywood B- oder C-Movies befinden. Handelnde Charaktere sind eindimensional. Stereotype und Klischees sind an der Tagesordnung. Der Held ist männlich und muskelbepackt. Frauen sind hilflos und schutzbedürftig oder Amazonen, die fast genauso männlich wie die männlichen Helden sind.

Zum Glück verschwinden diese Klischees allmählich, und es finden sich mittlerweile genug Beispiele für komplexere Charaktere und Geschichten: Die neuen Lara-Croft-Folgen versuchen, der Figur eine Hintergrundgeschichte zu geben. Die Spiele von David Cage (*Fahrenheit*, *Heavy Rain*, *Beyond Two Souls*, *Detroit: Become Human*) zeichnen sich durch komplexe Charaktere voller eigener Unzulänglichkeiten, Ängste, aber auch Stärken aus. Fumito Ueda hat mit Spielen wie *Ico* (2001), *Shadow of the Colossus* (2005) und *The Last Guardian* (2016) Spiele geschaffen, die ganz eigene Erzählweisen einbringen und Charaktere nicht durch Worte, sondern durch Taten beschreiben. Die aktuellen Teile der *Grand Theft Auto*-Reihe spielen mit bestehenden Rollenmustern, brechen diese teils auf und hinterfragen, durchaus geschickt, gesellschaftliche Entwicklungen. In *Hellblade: Senua's Sacrifice* (2017), einem der wenigen PC-Spiele, die auch in einer Virtual-Reality-Version spielbar sind, gelingt es auf beeindruckende Art und Weise, Unterhaltung und Sensibilisierung für psychische Erkrankungen zu verbinden. Im Indie-Games-Bereich, also bei den kleinen, unabhängig produzierten Spielen, finden sich viele künstlerisch anspruchsvolle, geradezu poetische Spiele.

Gleichwohl sind Computerspiele als erzählerisches Medium noch unterentwickelt. Das Augenmerk liegt oftmals auf der visuellen Zurschaustellung von Effekten. Interaktives Erzählen ist eine Herausforderung, der sich Spieleentwickler immer noch zu stellen haben. Und es wird noch dauern, bis Computerspiele ihr volles erzählerisches Potenzial entfalten werden. Vielleicht werden sie es auch nie tun. Denn für viele Nutzer sind die Geschichten ja nur Mittel zum Zweck. Sie bilden den Rahmen für das eigentliche Geschehen, das Spiel.

Auf absehbare Zeit jedenfalls wird weder David Cage noch Fumito Ueda, noch irgendein anderer herausragender Spieleentwickler ein Ticket nach Stockholm buchen müssen.

These 2: Klassische Spielkonsolen wird es bald nicht mehr geben

Klang diese These 2015 noch ein wenig mutig, so konnte sie mittlerweile weiter untermauert werden. Die Playstation 2 ist die meistverkaufte Konsole der Welt. Weder ihre Nachfolger noch die Konkurrenzprodukte konnten daran etwas ändern. Der Nintendo DS ist die meistverkaufte mobile Konsole, und auch hier hat kein Nachfolgeprodukt auch nur annähernd die Verkaufszahlen erreicht. Die Playstation 4 konnte zwar den Trend der sinkenden Verkaufszahlen ein wenig umkehren, aber die Playstation 5 und Xbox One Series zeigen nun wieder deutlich schlechtere Verkaufszahlen. Es ist mehr als fraglich, ob die mehr als 150 Mio. verkauften Einheiten der Playstation 2 je erreicht werden, selbst wenn eine innovative Konsole wie die Nintendo Switch mobiles und stationäres Gaming miteinander verbindet. Über Jahre war der Konsolenmarkt die Konstante im Bereich der Computerspiele. Alle fünf, sechs Jahre erschien eine neue, technisch verbesserte Plattform. Die alte verschwand. Die neue Plattform verkaufte sich dabei besser als die alte. Neue Käuferschichten wurden gewonnen. Segas Megadrive brachte die Jugendlichen zum Spielen. Die Playstation erreichte die jungen Erwachsenen. Die Nintendo Wii machte selbst die Senioren zum Spieler. Seit einigen Jahren sind diese Zeiten aber vorbei.

Der PC als Konkurrenzprodukt wurde schon oft totgesagt. Er lebt, aber seine Verkaufszahlen liegen auf deutlich niedrigerem Niveau als die der Konsolen. Der PC wird die Konsole nicht beerben. Die Veränderung rührt von einer anderen Medieninnovation her: dem Smartphone. Mit dem Smartphone liegt eine weitverbreitete multifunktionale, mobile Abspielplattform für Computerspiele vor. Smartphones werden nicht die klassische Konsole ersetzen, aber sie haben schon zu einem großen Bedeutungsverlust der mobilen Konsolen beigetragen. Smartphones sind meist leistungsfähiger als mobile Konsolen. Diese bleiben dann vor allem Kindern vorbehalten, die (noch) kein Smartphone besitzen. Was sich aber ändern wird, ist die Art und Weise, Computerspiele zu spielen. Das Smartphone ist ideal geeignet für kurze Spiele, für die Nutzung zwischendurch. Dies führt zu These 3.

These 3: Computerspielen wird immer nebensächlicher werden

Spielen wird nebensächlicher werden. Dies in mehrfacher Hinsicht. Zum einen wird Spielen ganz selbstverständlich nebenbei stattfinden. In Asien und den USA ist dies schon häufiger zu beobachten. Auch ältere Menschen spielen dort auf ihrem Smartphone. Sie spielen im Bus eine Runde Puzzle, sortieren Wimmelbilder, spielen *Solitär* oder, in Deutschland, *Skat* mit dem Smartphone. Kinder, Jugendliche und junge Erwachsene spielen *Minecraft* oder ein ähnliches Spiel. Man spielt auf dem Weg, wenn man irgendwo in der Stadt wartet, ja vielleicht sogar bald beim autonomen Autofahren. Somit wird Computerspielen auch normaler. Es wird noch stärker eingebunden werden in die alltäglichen Handlungen. Das klassische, groß angelegte Computerspiel auf dem PC oder der Konsole, das einen großen Bildschirm benötigt, wird nicht verschwinden. Kleine, einfache Computerspiele werden aber das Bild, das wir vom Computerspiel haben, wandeln. Man wird nicht mehr an *Counter-Strike* und *Grand Theft Auto* denken, wenn man das Wort Computerspiel hört, sondern an irgendein kleines Spiel auf einem multifunktionalen, mobilen Endgerät. Viel mehr noch, werden die Plattformen generell miteinander verschmelzen, und es wird egal sein, auf welchem Endgerät man spielt.

Zum anderen wird aber auch das Spielen der großen Titel nebensächlicher werden. Gemeint ist damit, dass es inzwischen normal ist, ein Computerspiel zu spielen. Immer weniger Leute werden die Nase rümpfen, wenn man am Montag im Büro auf die Frage, was man am Wochenende gemacht hat, antwortet: „Mensch, war schlechtes Wetter draußen, und da hab ich endlich mal wieder mit den Kumpels in München und Stuttgart FIFA gezockt." Computerspiele werden als legitimes Hobby anerkannt und haben sich längst aus der „Schmuddelecke" herausbewegt. Ob man im Kino war, eine Serie geschaut oder ein Computerspiel gespielt hat, wird nicht mehr unterschiedlich bewertet werden. Man hat irgendeine Form der medialen Unterhaltung genutzt, und Computerspiele sind ein Medienangebot unter vielen.

These 4: Das Holo-Deck wird nicht kommen

Das durch die Serie *Star Trek: The Next Generation* bekannt gewordene Holo-Deck gilt für viele immer noch als heiliger Gral der Computerspielentwicklung. Das Holo-Deck simuliert eine virtuelle Realität, die nicht mehr von der eigentlichen Realität zu unterscheiden ist. Man kann in jede beliebige Rolle schlüpfen, jede Zeit nachempfinden, man spürt den Wind auf seiner Haut, man riecht und schmeckt wie in der Realität. Sicher wird man auch daran denken, dass man im Holo-Deck lieber mit Superhelden-Fähigkeiten durch die Welt geht als immer nur einen Otto-Normal-Bürger zu spielen. Das Holo-Deck wird dies und auch die komplette Immersion ermöglichen. Damit gemeint ist das vollständige Eintauchen in eine Geschichte, in eine virtuelle Welt. Indem Computerspiele immer realistischer werden, bewegen sie sich mehr und mehr auf diese Erfahrung zu. Grafiken werden lebensechter. Das *Uncanny-Valley* wird überwunden. Spielfiguren reagieren wie reale Menschen, sind in der Lage, Gefühle auszudrücken. Die Steuerung passt sich der Realität an. Man benötigt keinen Controller mehr, sondern steuert das Spiel durch Gesten oder gar allein durch Gedanken. Technisch ist virtuelle Realität seit Jahren machbar.

Warum aber wird es dann das Holo-Deck nicht geben, wo die Entwicklung doch schon so weit vorangeschritten ist? Heutige Anwendungen sind für Verbraucher noch zu sperrig. Erfahrungsberichte zeigen, dass Spieler in solchen Welten schnell überfordert sind. Eine einfache Runde des beliebten Smartphone-Spiels *Tempel Run* (2011) in der virtuellen Realität der *Samsung Gear* ist deutlich anstrengender als das gleiche Spiel auf dem Smartphone. Aber auch, wenn die Technik nutzerfreundlicher wird, dürfte es noch Jahre dauern, bis auch die entsprechenden Inhalte zur Verfügung stehen. Und selbst wenn es diese dann gibt, stellt sich die Frage: Wollen Menschen tatsächlich das Holo-Deck? Man könnte die Frage auch so stellen: Wollen Menschen eher Theater spielen oder ein Theaterstück anschauen? Viele Menschen wollen gerne mitspielen, aber vermutlich deutlich mehr wollen einfach nur zuschauen. Ein wichtiger Aspekt von Unterhaltung ist, dass sie einfach und zwanglos ist. Selbst ein Computerspiel zu spielen kann anstrengender sein, als einen Film zu schauen. Ein Mehr an Interaktivität, das zeigt auch schon die Forschung zum interaktiven Fernsehen, ist nicht immer ein Mehr an Unterhaltung. Interaktivität ist fordernd.

Selbst die Annahme, dass virtuelle Realität Menschen per se mehr einnimmt als andere Medien, ist zu hinterfragen. Oftmals ist es gerade der Mangel an Reizen, der dazu führt, dass man in eine Welt eintaucht. Ein spannend geschriebenes Buch, in einem ruhigen Zimmer gelesen, kann ebenso lebendig eine Welt erschaffen wie eine komplexe 3-D-Anwendung. Dies sieht man auch bei Computerspielen selbst. Für viele Spieler sind es die einfachen oder alten Spiele, die die lebendigsten Welten schaffen. Man kann in eine Welt aus wenigen Pixeln eintauchen, wenn das Spielprinzip gelungen ist. Das Spiel *Space Invaders* wird nicht besser, nur weil die Grafik aufpoliert wurde. Oftmals ist eher das Gegenteil der Fall. Die menschliche Vorstellungskraft ist immer noch die beste „Maschine", um virtuelle Welten zu erschaffen. Selbst wenn es technisch möglich wird, wird das Holo-Deck also nur für einige wenige Spielformen relevant werden. Welche das sein werden, steht noch in den Sternen.

These 5: Die Gewalt-Debatte ist tot, und die Abhängigkeitsdebatte liegt im Sterben, die Verbraucherschutzdebatte hat gerade erst begonnen

Diese These stellt erneut die gesellschaftlichen Debatten und die Erkenntnisse der Wissenschaft in den Vordergrund. Lange Zeit hat die Debatte um die schädlichen Wirkungen von Computerspielen, insbesondere Gewalt und Abhängigkeit, die öffentliche Wahrnehmung des Mediums geprägt. Computerspiel und Killerspiel wurden häufig gleichgesetzt. Noch immer gibt es mahnende Stimmen, teils wissenschaftlich fundiert, teils alarmistisch. Die große Gewaltdebatte scheint jedoch beendet zu sein. Der Forschungsüberblick in Kap. 6 konnte zeigen, dass wissenschaftliche Erkenntnisse immer vielschichtig sind. Wir wissen relativ klar, dass Computerspiele kurzfristige Effekte auf aggressive Vorstellungen haben können. Wir wissen aber auch, dass diese von einer Vielzahl weiterer Faktoren abhängen. Je nach Person, je nach Stimmung, je nach äußerem Umstand sind die Wirkungen von Computerspielen unterschiedlich. Ohne die Risiken von gewalthaltigen Computerspielen zu verharmlosen, kann gesagt werden, dass der Beitrag, den das Spiel zu gewalttätigem Verhalten leistet, eher gering ist. Die Annahme wirkmächtiger Medien ist seit gut 50 Jahren nicht mehr aktuell. In der aktuellen Forschung geht es darum, die Nuancen, die Faktoren und Eigenschaften zu ermitteln, die zu bestimmten Wirkungen führen. In der Öffentlichkeit ist dies mittlerweile auch angekommen. Gleichzeitig ist zu vermuten, dass sich die Moralischen Paniken anderen Medien widmen werden. Befürchtungen über den verrohenden Einfluss eines Mediums gerade auf

7 Ausblick

Kinder und Jugendliche hat es immer schon gegeben. Mal war es das Theater, dann das Buch, das Kino oder das Fernsehen. Ab den 1990er-Jahren waren es die Computerspiele. Das Internet an sich galt auch immer wieder als Gefahrenquelle. Da es aber bald nahezu jeder nutzte, war es weniger als Sündenbock geeignet. Mit Sozialen Netzwerken ist es ähnlich. Die Debatte wird nicht verschwinden, aber es wird ein neues Medium geben, vor dessen Gefahren gewarnt werden wird. Dann dauert es wieder etliche Jahre, bis man nüchtern analysiert hat, welche Chancen und Risiken dieses Medium tatsächlich bietet. Und dann, so ist zu vermuten, wird schon wieder das nächste vermeintlich schädigende Angebot in den Kinderzimmern angekommen sein.

Positiv an solchen Debatten ist jedoch, dass sie den Gesetzgeber mitunter zwingen, aktiv zu werden. Und trotz aller übersteigerter Sorgen führt der demokratische Entscheidungsprozess meist dazu, dass eine vermittelnde Position eingenommen wird. Gelegentlich verschafft sich auch die Stimme der Wissenschaft Gehör. Der funktionierende deutsche Jugendmedienschutz ist eine Folge dieser Entwicklung. Ein Killerspielverbot wurde nie erwirkt, aber der Jugendmedienschutz wurde angepasst und wird kontinuierlich hinterfragt. Ähnlich verhält es sich auch im Bereich der Abhängigkeitsdebatte. Auch sie hat letztlich dazu geführt, dass diejenigen, die tatsächlich betroffen sind, Angebote wahrnehmen können. Es gibt auf Computerspiele spezialisierte psychiatrische Kliniken, und diese sind auch notwendig – nicht weil die Computerspiele Menschen reihenweise in die Abhängigkeit treiben, sondern weil Computerspiele bei bestimmten Menschen psychische Probleme deutlich verschärfen können. Gleichzeitig steht aber unbestritten fest, dass Computerspiele bei den weitaus meisten weder zu pathologischer Abhängigkeit noch zu Gewalttaten führen werden.

Die hier aufgezeigten Probleme bei den Geschäftsmodellen gerade von onlinebasierten Computerspielen sind derzeit noch zu komplex, um im größeren öffentlichen Diskurs anzukommen. Es handelt sich um eher schwer zu vermittelnde Aspekte des Verbraucherschutzes, dennoch werden diese Probleme in Zukunft eine größere Rolle spielen. Wenn Computerspiele nämlich immer mehr eigene Ökonomien entwickeln, dann wird das Bedürfnis nach Regulation steigen, und auch in Deutschland wird es in absehbarer Zukunft juristische Auseinandersetzungen über neue Bezahlmodelle in Computerspielen geben.

These 6: KI wird vieles verändern, aber nur wenig beim Erleben von Computerspielen

Künstliche Intelligenz, so scheint es, ist die große gesellschaftliche Veränderung der letzten Jahre. Programme wie ChatGPT zeigen auf, wozu KI-Anwendungen schon fähig sind und wozu sie noch in der Lage sein werden. KI wird sicherlich die Entwicklung von Computerspielen verändern, gerade weil sie sehr gut geeignet ist, zu programmieren. Aber KI spielt für das Spielerleben schon sehr lange eine wichtige Rolle, und die wird sich nur wenig ändern. Ein Strategiespiel lebt davon, dass die künstliche Intelligenz des Computers geeignet ist, eine angemessene Herausforderung zu liefern. Schon 2019 wurde eine KI entwickelt, die 99,8 % alle *StarCraft II*-Spieler besiegen konnte, was immerhin im renommierten Wissenschaftsmagazin *Nature* besprochen wurde. Wenn eine KI etwas besser lernen kann als ein Mensch, dann das Computerspielen. Die Herausforderung liegt aber hier eher darin, dass sie so gut spielt, dass Menschen weiterhin Spaß am Spiel haben. Wir sehen außerdem, dass der Trend eher dahin geht, dass Menschen gegen oder mit anderen Menschen spielen. Vielleicht werden es gerade die Computerspiele sein, bei denen die KI sich deutlich zurückhalten wird, da nur noch so echter Spielspaß entstehen kann. Die Möglichkeit, dass KI scheinbar intelligent auf Spracheingabe reagiert, wird Spiele sicherlich bereichern. Aber wie in diesem Buch aufgezeigt wurde, sind es oftmals nicht die scheinbar perfekten Spiele, die für Begeisterung sorgen, sondern die kleinen, einfachen Spiele, die so simpel sind, dass sie auf Dauer Spaß machen.

Epilog

Nach gut 50 Jahren Computerspielgeschichte bleibt zu sagen: Computerspiele sind gekommen, um zu bleiben. Sie sind Teil unserer (Medien-)Welt geworden. Sie werden weiterhin die angenehmste Art sein, sich mit komplizierter Technik auseinanderzusetzen: spielerisch. Sie werden manchen Trends folgen, manche gar selbst setzen. Sie werden weiterhin Gegenstand der Forschung bleiben. Man wird versuchen, sie zu verstehen, zu ermitteln, welcher Aspekt zu welcher Wirkung führt. Es wird hervorragende neue Spiele geben, aber auch solche, die man eher als geschmacklos bezeichnen muss. Computerspiele können vielleicht in Analogie zu einem jungen Menschen beschrieben werden, der gerade dabei ist, der Pubertät zu entwachsen. Manches an ihm ist noch pubertär verklärt, manches unvernünftig und peinlich, manches aber schon reif und erwachsen, und die Kreativität erlebt immer noch einen Höhenflug. Die Erwachsenen schimpfen noch mit ihm, aber schon lange nicht mehr so schlimm wie früher. Und in einigen Jahren oder Jahrzehnten wird der junge Erwachsene dann als Senior auf eine lange Geschichte zurückblicken und sich fragen, warum man damals so viel über sein Leben schreiben musste.

Epilog

Nach gut 50 Jahren Computerspielgeschichte bleibt zu sagen: Computerspiele sind gekommen, um zu bleiben. Sie sind Teil unserer (Medien-)Welt geworden. Sie werden weiterhin die angenehmste Art sein, sich mit komplizierter Technik auseinanderzusetzen: spielerisch. Sie werden manchen Trends folgen, manche gar selbst setzen. Sie werden weiterhin Gegenstand der Forschung bleiben. Man wird versuchen, sie zu verstehen, zu ermitteln, welcher Aspekt zu welcher Wirkung führt. Es wird hervorragende neue Spiele geben, aber auch solche, die man eher als geschmacklos bezeichnen muss. Computerspiele können vielleicht in Analogie zu einem jungen Menschen beschrieben werden, der gerade dabei ist, der Pubertät zu entwachsen. Manches an ihm ist noch pubertär verklärt, manches unvernünftig und peinlich, manches aber schon reif und erwachsen, und die Kreativität erlebt immer noch einen Höhenflug. Die Erwachsenen schimpfen noch mit ihm, aber schon lange nicht mehr so schlimm wie früher. Und in einigen Jahren oder Jahrzehnten wird der junge Erwachsene dann als Senior auf eine lange Geschichte zurückblicken und sich fragen, warum man damals so viel über sein Leben schreiben musste.

Zum Weiterlesen

Wissenschaftliche Literatur

Huizinga, Johan (2004). Homo Ludens. Vom Ursprung der Kultur im Spiel (19. Aufl.). Hamburg: Rowohlt (erstmals veröffentlicht 1938).
Kulturwissenschaftlicher „Klassiker" zum Wesen des Spiels und seiner Bedeutung in der menschlichen Entwicklung.
Biermann, Ralf/Fromme, Johannes/Kiefer, Florian (Hrsg.) (2023). Computerspielforschung. Interdisziplinäre Einblicke in das digitale Spiel und seine kulturelle Bedeutung. Opladen: Verlag Barbara Budrich.
Aktueller und umfassender Sammelband mit interdisziplinäre Beiträgen aus Kommunikationswissenschaft, Bildungsforschung und Psychologie. Als Open-Access-Publikation online kostenlos erhältlich.

Sachs-Hombach, Klaus/Thon, Jan-Noel (Hrsg.) (2015). **Game Studies. Aktuelle Ansätze der Computerspielforschung** (Neue Ausg.). Köln: Herbert von Halem Verlag.
Sammelwerk, das die verschiedenen Facetten der Computerspielforschung jeweils mit eigenen Beiträgen beleuchtet. Widmet sich der Unterscheidung Ludologie und Narratologie, der Computerspielforschung unter anderem aus Sicht der Medienpsychologie, der Mediensoziologie, der Geschlechterforschung und der Medienwirtschaft.

Wimmer, Jeffrey (2013). Massenphänomen Computerspiele: Soziale, kulturelle und wirtschaftliche Aspekte. Konstanz: UVK Verlagsgesellschaft.
Liefert einen umfassenden Überblick über Nutzung und Wirkung von Computerspielen sowie deren Markt. Ergänzt die Themenstellungen dieses Buchs mit weiteren Beispielen.

Game Studies (Zeitschrift)
Im Jahre 2000 gegründetes wissenschaftliches Fachmagazin, in dem meist geistes- und kulturwissenschaftliche Analysen zu Computerspielen veröffentlicht werden. Frei zugänglich, auf Englisch. Artikel abrufbar unter: http://gamestudies.org

Spieleentwicklung

Salem, Katie T./Zimmerman, Eric (2006). The game design reader: A Rules of play anthology. Cambridge, Mass.: MIT Press.

Salem, Katie T./Zimmerman, Eric (2003). Rules of play: Game design fundamentals. Cambridge, Mass.: MIT Press.
Beide Werke sind dazu gedacht, sich zu ergänzen. Sie liefern umfassende und allgemeine Erklärungen über die Art und Weise, wie Spiele aus Sicht von Entwicklern funktionieren. In „Game design reader" wird auch die Perspektive der

Spielekritik gewürdigt. Die Bücher sind zwar etwas älter, liefern aber immer noch allgemeine Grundlagen.

Theis, Thomas (2023). Einstieg in Unity: Schritt für Schritt zum eigenen Computerspiel. Bonn: Rheinwerk Computing.

Beispiel für ein praxisorientiertes Buch zur Programmierung von Computerspielen. Es gibt auch vergleichbare Werke zur Arbeit mit der Unreal Engine 4. Für Leser mit Informatik-Hintergrund und eigenem Interesse an Spieleentwicklung.

Köhler, Tanja (2022). Eigene Spiele erstellen mit Roblox – So einfach. Frechen: mitp.

Waineright, Max (2021). Programmieren für Kids. 20 Spiele mit ScratchTM 3.0. Schritt für Schritt eigene Spiele programmieren. Rheinbreitbach: Ullmann Medien.

Walter, Greger (2022). Let's Code! Programmieren in der Minecraft-Welt. Bonn: Rheinwerk Computing.

Dies sind drei Beispiele von Büchern für Schulkinder, die versuchen, verschiedene Programmierumgebungen in und außerhalb von Spielen vorzustellen. Jedes Jahr erscheinen ähnliche neue Praxiswerke.

Beiträge aus anderen Medien

Dittmayer, Matthias (ohne Jahr): Stigma Computerspiele.
Online-Beitrag eines engagierten Spielers, der sich intensiv mit der Berichterstattung zum Thema Killerspiele auseinandergesetzt hat und vor allem die Beiträge des ZDF-Magazins Frontal 21 analysiert hat. Sein YouTube-Beitrag ist abrufbar u. a. unter: https://www.youtube.com/watch?v=zvidPUXp1R8.

Killerspiele, Teil 1–3

Dokumentation des ZDF aus dem Jahr 2016, die sich in drei Teilen der Entwicklung der Killerspieldebatte widmet und einen guten Überblick zur Entwicklung von den 1980er-Jahren bis heute liefert. Auf Youtube abrufbar u. a. unter: https://www.youtube.com/watch?v=5JxfUYTWFl4

In-Game-Käufe – Abzocke ohne Alterbeschränkung. ZDF Magazin Royal.

Satirisch überspitzte, aber gut recherchierte Auseinandersetzung mit dem Thema In-Game-Käufe. Liefert einen gelungenen Überblick darüber, welche Formen der In-Game-Ökonomie bestehen und wieso diese aus Verbaucherschutzsicht problematisch sein können. Auf Youtube abrufbar u. a. unter: https://www.youtube.com/watch?v=U3oNkqHlbVg

Elternratgeber der USK

Informationsmaterial der Unterhaltungssoftware Selbstkontrolle, das Fragen zu Alterskennzeichen, Gewalt und Computerspielen und Abhängigkeit von Computerspielen für interessierte Eltern aufbereitet hat. Abrufbar unter: https://usk.de/?smd_process_download=1&download_id=1091851

Glossar

Achievement Element eines Spiels, bei dem Spieler eine Art Auszeichnung für das Erreichen eines bestimmten Spielziels erhalten. Diese Achievments werden meist online gesammelt und können auf Profilseiten eingesehen werden. Manche Achievements sind relevant für den Spielverlauf, manche zeichnen besondere Spielweisen aus. Sie sind ein wichtiges Element von => **Gamification**.

Augmented Reality Eng mit => **Virtual Reality** in Beziehung stehender Begriff. Hierbei wird mit Computertechnologie die Realität aber erweitert, indem zum Beispiel interaktive Inhalte in die Wirklichkeit eingeblendet werden. *Pokémon Go* stellt eine einfache Augmented-Reality-Anwendung dar.

Casual Games Meist einfache, im Browser oder auf dem Smartphone gespielte Spiele. Es handelt sich um Spiele „für zwischendurch", die auch meist keine besonderen Voraussetzungen auf Seiten der Hardware haben.

Controller Gerät, mit dem ein Computerspiel gespielt wird. Früher oftmals als Joystick bezeichnet. Controller werden meist bei Konsolen verwendet, aber auch bei bestimmten PC-Spielen. Neuere Controller beinhalten oftmals Elemente von Bewegungssteuerung, d. h. Bewegungen des Controllers im Raum werden ins Spiel übertragen, wie bei der Nintendo WII oder der Sony-Move-Steuerung.

Downloadable Content (DLC) Zusätzliche Spielinhalte, die meist kostenpflichtig für ein Computerspiel heruntergeladen werden können. Gibt es inzwischen sowohl für PC- als auch für Konsolenspiele.

Ego-Shooter Spiel-Genre, bei dem das Spielgeschehen aus der Ich-Perspektive gezeigt wird und die Spieler mit Waffen aufeinander oder Computerspielgegner schießen. Das Spiel *DOOM* hat das Genre mitbegründet. Ein aktuelles Beispiel ist die *Call of Duty*-Reihe. Ego-Shooter werden besonders kontrovers diskutiert, meist im Rahmen der => **Killerspiel-Debatte.**

Flow-Erleben Konzept, das davon ausgeht, dass Menschen sich in einem Glückszustand befinden, wenn ihre eigenen Fähigkeiten und die Herausforderungen einer Aufgabe in einem idealen Verhältnis zueinander stehen. Flow-Erfahrungen zeigen sich bei Künstlern, Ärzten, Sportlern, Wissenschaftlern, aber auch Computerspielern.

Free-To-Play bzw. Freemium Preisgestaltung bei Computerspielen, meist einfachen Spielen auf dem Smartphone, aber auch bei komplexeren Online-Spielen. Die Nutzung des Spiels ist in einer Standardversion kostenlos. Man bezahlt für Premiuminhalte (z. B. Werbefreiheit) oder zusätzliche Spielgegenstände, Kostüme etc.

Gamification Unter diesem Begriff versteht man, dass spielerische Elemente in meist alltägliche Handlungen eingebunden werden. Dies sind vor allem Highscores und => **Achievements** für bestimmte Tätigkeiten, z. B. eine Auszeichnung für 10.000 Schritte am Tag oder Punkte für das korrekte Recyceln von Müll.

Katharsis-These Widerlegter wissenschaftlicher Ansatz der Wirkungsforschung. Man ging davon aus, dass der Konsum von gewalthaltigen Medieninhalten Menschen läutert und somit dazu führt, dass sie sich in der Realität weniger aggressiv verhalten.

Killerspiele Unbestimmter, meist von konservativen Politikern verwendeter Begriff, um gewalthaltige Computerspiele zu beschreiben, meist sogenannte Ego-Shooter.

Konsole Endgerät, auf dem ein Computerspiel gespielt wird. Konsolen waren ursprünglich nur zum Spielen von Computerspielen konzipiert, werden mittlerweile aber auch zum Abspielen von Medieninhalten verwendet. Klassische Konsolen sind der Atari VCS, das Nintendo Entertainment System oder die Sony Playstation. Aktuelle Konsolen sind die Sony Playstation 4, die Microsoft Xbox One und die Nintendo Switch. Mobile, tragbare Konsolen sind der Game Boy oder der Nintendo 3DS.

Loot-Box Von „Loot" (Beute) stammender Begriff, der eine Belohnung im Spiel anzeigt, meist in Form eine Box oder Kiste. Meist ist der Inhalt dieser Box zufallsgeneriert bzw. nach bestimmten Regeln konzipiert, bei denen der Zufall eine wichtige Rolle spielt. Loot-Box- Mechanismen werden dafür kritisiert, Glückspielelemente ins Spiel einzubauen.

MMO(RP)G Massive Multiplayer Online (Role Playing) Game. Eine bestimmte Form von Online-Spielen. Mehrere hundert Spieler spielen gemeinsam in einer Spielwelt (über einen Server). Spieler können zusammen oder gegeneinander spielen. Bei Rollenspielen (Role Play) ist die Spielwelt meist dem Fantasy- oder Science-Fiction-Genre zuzuordnen, und der Spieler entwickelt seine Spielfigur (Avatar genannt) im Laufe des Spiels weiter. *World of Warcraft* gilt als das erfolgreichste MMORPG. Solche Spiele, meist vereinfacht als Online-Spiele bezeichnet, spielen bei der Debatte um Computerspielabhängigkeit eine große Rolle.

Moralische oder Medienpanik Soziologisches Konzept, das die übermäßige Sorge beschreibt, von einer Gruppe oder einem Medienangebot könnte eine Gefahr für den Zusammenhalt der Gesellschaft ausgehen. Computerspiele waren oft Bestandteil einer Moralischen Panik.

Open-World-Spiele Computerspiele, die eine frei erkundbare Spielwelt beinhalten und bei denen sich der Spieler nicht immer an eine vorgegebene Reihenfolge der Aufgaben halten muss.

Plattform-Ökonomie Internetbasierte Geschäftsmodelle, die sich zunehmend für Spiele, aber auch innerhalb von Spielen bzw. Spielwelten selbst finden. Inhalte (Spiele, Spielgegenstände) werden in online-basierten Shopsystemen zur Verfügung gestellt. Für Spiele wichtig ist hierbei, dass Plattformen (Steam, GOG, Play Store, Apple Store aber auch Fortnite, Roblox) den Nutzern die Möglichkeit geben, eigene Entwicklungen zu vertreiben.

Präsenz und Immersion Medienpsychologische Fachbegriffe, die das Eintauchen in eine fiktive Welt beschreiben. Präsenz kann mit dem Gefühl, an einem anderen Ort zu sein, verglichen werden.

Triple A-(AAA-)Titel Toptitel eines Entwicklers. Meist ein Computerspiel, das mit hohem Produktionsbudget ausgestattet und intensiv beworben wird. Vergleichbar mit dem Blockbuster-Film im Hollywoodkino.

Uncanny-Valley-Effekt Der Befund, dass Menschen computergestalteten, menschlich wirkenden Inhalten zunächst immer positiver gegenüberstehen, je realistischer sie werden, dieser Zusammenhang sich bei „fast" realer Darstellung aber ins Gegenteil umkehrt.

Virtual Reality Darstellung einer computergenerierten Wirklichkeit mit all ihren physikalischen Eigenschaften in Echtzeit. Die Welt wirkt real, ist es aber nicht. Mit virtueller Realität kann die dargestellte Welt in einem Computerspiel gemeint sein, meist versteht man aber eine dreidimensionale 360-Grad-Darstellung um den Nutzer herum. Dies geschieht beispielsweise durch spezielle VR-Brillen (Head-Mounted-Displays).

SPRINGER NATURE

GPSR Compliance

The European Union's (EU) General Product Safety Regulation (GPSR) is a set of rules that requires consumer products to be safe and our obligations to ensure this.

If you have any concerns about our products, you can contact us on ProductSafety@springernature.com

In case Publisher is established outside the EU, the EU authorized representative is:

Springer Nature Customer Service Center GmbH
Europaplatz 3
69115 Heidelberg, Germany

The manufacturer's authorised representative in the EU is Springer
Nature Customer Service Centre GmbH, Europaplatz 3, 69115 Heidelberg,
Germany. If you have any concerns regarding our products, please
contact ProductSafety@springernature.com

Printed and bound by CPI Group (UK) Ltd, Croydon, CR0 4YY

23/03/2026

02076397-0003